Nachtrag zu RGZ. Bd. 120.

85. Stille Gesellschaft. Gewinnbeteiligung. Entschuldungsgewinn. Aufwertung. (HGB. § 336; BGB. § 242.) Eine stille Gesellschaft wurde am 1. April 1924 aufgelöst. Der ausgeschiedene Gesellschafter klagte auf Erhöhung seiner Abfindung mit der Behauptung, daß der Beklagte Vorkriegsschulden, die bei der Auseinandersetzung in voller Höhe berücksichtigt worden waren, mit entwertetem Geld heimbezahlt habe. Das Landgericht wies die Klage ab. Die Revision führte zur Zurückverweisung. Die Auffassung des Landgerichts, daß der stille Gesellschafter nur am Betriebsgewinn, an dem durch Warenumsatz erzielten Gewinn teilnehme, war rechtsirrig. Allerdings kommt nicht jede Erhöhung des Gesellschaftsvermögens dem stillen Gesellschafter zugute; auf Werterhöhungen des nicht zum Umsatz bestimmten Anlagevermögens hat er keinen Anspruch, es sei denn, daß der Mehrwert durch Aufwendung von Gesellschaftsmitteln geschaffen wurde. Im gegebenen Fall handelte es sich um Verbindlichkeiten, die während des Bestehens der Gesellschaft, lange vor der Geldentwertung, zum Erwerb von Geschäftsgrundstücken, zur Anschaffung von Maschinen u. dgl. eingegangen worden waren. Diese Verbindlichkeiten gingen als Geschäftsschulden im Innenverhältnis zu Lasten der Gesellschaft und bildeten einen Passivposten der Gesellschaftsbilanz; ihr gänzlicher oder teilweiser Wegfall auf der Passivseite bedeutete einen echten Gewinnposten, wenn er ohne Gegenleistung geschah. Unter den Begriff des Gewinns fällt jeder im Betrieb des Handelsgewerbes erzielte Vermögenszuwachs, auch ein solcher, der durch Verminderung der Geschäftsschulden entsteht. Demgemäß ist unbedenklich ein Gewinnanteilsrecht des stillen Gesellschafters bei Entschuldungsgewinnen zu bejahen, die auf der Abstoßung von Geschäftsschulden durch Zahlung oder auf der Aufwertungsgesetzgebung beruhen. An Bilanz-Schlußgewinnen, die hieraus herrühren, ist der stille Gesellschafter so gut beteiligt wie an einem Gewinn, der auf Verjährung oder auf ganzen oder teilweisen Erlaß von Gesellschaftsschulden zurückgeht. (II, 17. April 1928.)

Amtl. Sammlg. S. 410—412. Vgl. Bd. 94 S. 106.

Reichsgerichts-Entscheidungen

in kurzen Auszügen

Herausgegeben vom

Deutschen Richterbund

Zivilsachen — Band 133

1932

München, Berlin und Leipzig

J. Schweitzer Verlag (Arthur Sellier).

Printed in Germany

Druck von Dr. F. P. Datterer & Cie., Freising-München

Von dieser Sammlung erschienen folgende Bändchen:

I. Zivilsachen:	Bd.	76—100	. . .	je RM.	0.80
	„	101—120	. . .	je RM.	1.—
	„	121—132	. . .	je RM.	2.—
Serien:	„	76—132	mit 2 Reg. 83–119 120–130	zus. RM.	58.—
	„	81—132	mit 2 Reg. 83–119 120–130	zus. RM.	55.—
	„	91—132	mit 2 Reg. 83–119 120–130	zus. RM.	48.—
	„	101—132		zus. RM.	41.—
	„	111—132		zus. RM.	32.—
Gesamtregister zu	Bd.	83—119	. . . .	RM.	6.—
Gesamtregister zu	Bd.	120—130	. . . .	RM.	1.80
II. Strafsachen:	Bd.	45—55	. . .	je RM.	0.80
	„	56—60	. . .	je RM.	1.—
	„	61—65	. . .	je RM.	2.—
Serie: Bd. 45—65 mit Ges.-Reg. zu Bd. 45—60				zus. RM.	23.—
Gesamtregister zu	Band	45—60	. . . .	RM.	3.70

Jedes Bändchen entspricht einem Bande der amtlichen Sammlung.

1. Schadenersatz. Gebäudeschaden. Entlastungsbeweis. Verjährung. (BGB. §§ 198, 831, 836, 852.) In einem Gasthaus eines Badeortes zeigte sich im März 1924 im Keller ein starker Wassereinbruch; die Beseitigung war nur mit großen Kosten möglich. Die Ursache ließ sich zunächst nicht feststellen. Im Spätherbst des gleichen Jahres trat in einem Nachbarhaus ein ähnlicher Wassereinbruch zutage. Die Nachgrabung ergab, daß eine an beiden Häusern vorbeiführende Wasserleitung undicht geworden war. Die Wasserleitung war von dem Eigentümer des Bades angelegt und diente der Bewässerung der Gartenanlagen des Bades. Er ließ sie wieder instand setzen, lehnte aber einen Schadenersatz mit der Begründung ab, daß die Sache die Badedirektion angehe. Die Vergleichsverhandlungen zogen sich längere Zeit hin, so daß die Klage erst im November 1928 zugestellt wurde. Sie wurde wegen Verjährung abgewiesen. Das Berufungsgericht stellte fest, daß der Kläger den Sachverhalt schon Ende Dezember 1924 kannte; er wußte schon damals, daß als Ursache ein Bruch der dem Beklagten gehörigen Wasserleitung in Betracht kam und daß die Badedirektion, an die ihn der Beklagte verwiesen hatte, keine selbständige Rechtspersönlichkeit, sondern nur eine Verwaltungsstelle des Beklagten war. Der Kläger hatte sich darauf berufen, daß er mit der Aussichtslosigkeit seiner Klage habe rechnen müssen, da der Beklagte die Möglichkeit gehabt habe, sich darauf zu berufen, daß er bei der Auswahl und Überwachung der leitenden Persönlichkeiten der Badedirektion die entsprechende Sorgfalt habe walten lassen. Dadurch wurde aber der Beginn der Verjährung nicht gehindert. Für Ansprüche aus unerlaubter Handlung beginnt die Verjährung mit dem Zeitpunkt zu laufen, in dem der Verletzte von dem Schaden und der Person des Ersatzpflichtigen Kenntnis erlangt, also mit dem Zeitpunkt, in dem er in den Besitz der für eine Klageerhebung erforderlichen tatsächlichen Unterlagen gekommen ist. Mit dieser Einschränkung ist der Satz richtig, daß dem Geschädigten die Beschreitung des Rechtswegs nicht zugemutet werden kann, solange er mit der Aussichtslosigkeit der Klage rechnen muß. Dagegen kann keine Rede davon sein, daß er auch dann noch mit der Geltendmachung seiner Ansprüche zögern dürfte, wenn noch irgendwelche Einwendungen oder Einreden nicht beseitigt erscheinen. Ein solcher Rechtssatz wäre mit dem Wesen der Verjährung unverträglich. Diese soll gerade dazu dienen, dem Beklagten den Beweis von Einwendungen und Einreden zu ersparen, wenn er wegen Zeitablaufs diesen Beweis nicht mehr zu erbringen vermag. Damit ist es nicht zu vereinigen, daß der Lauf der Verjährung erst in dem Augenblick beginnen soll, in dem der Kläger weiß, daß keine durchgreifenden Einwendungen und Einreden gegeben sind. Das gilt auch für den Entlastungseinwand aus § 831 BGB. Für diesen Fall stellt das Gesetz eine Schuldvermutung auf, weil der Geschädigte regelmäßig entweder überhaupt nicht oder doch nur unter großen Schwierigkeiten imstande ist, sich über die für das Verschulden maßgebenden Verhältnisse Klarheit zu verschaffen. Wollte man den Beginn der Verjährung hinausschieben, bis der Verletzte diese Klarheit erlangt hat, so würde das in den meisten Fällen eine Vertagung auf unabsehbare Zeit bedeuten. Im angefochtenen Urteil war nicht beachtet, daß auf den vorliegenden Tatbestand auch § 836 BGB. anwendbar war. Eine im Erdboden liegende Rohrleitung ist als ein mit dem Grundstück verbundenes Werk im Sinne dieser Vorschrift anzusehen; als Ablösung von Teilen ist jede Trennung oder Lockerung der Verbindung eines Teils mit dem im übrigen unversehrten Ganzen oder auch nur in seinem eigenen inneren Zusammenhang anzusehen. Auch dieser Anspruch war aber verjährt. (IX, 9. Mai 1931.) Amtl. Sammlg. S. 1—6.

2. **Gesellschaft mit beschränkter Haftung. Minderjährige. Grundstücksverkauf. Erwerbsgeschäft. Treuhandverhältnis. Übernahme fremder Verbindlichkeiten. Vormundschaftsgerichtliche Genehmigung. Teilweise Unwirksamkeit. Gesetzesauslegung.** (BGB. §§ 139, 427, 1643, 1821, 1822 Nr. 3, 10; GmbHG. § 13.) Eine G.m.b.H. besaß als einziges Vermögen ein Wohnhaus. Mehrere Kaufleute, die eine Gesellschaft bürgerlichen Rechts bildeten, wünschten das Haus zu erwerben. Das Geschäft wurde in der Weise ausgeführt, daß in einem einheitlichen Vertrag die sämtlichen Gesellschafter der G.m.b.H. ihre Anteile auf die Kaufleute übertrugen. Die Verkäufer verpflichteten sich, Löschungsbewilligung für die auf dem Haus eingetragenen Hypotheken beizubringen und standen da-

für ein, daß die Gesellschaft sonst keine Schulden habe; sowohl die Verkäufer als die Käufer hafteten samtverbindlich für die Erfüllung aller Verpflichtungen. Einer der Gesellschafter der G. m. b. H. war minderjährig; für ihn handelte seine Mutter, die gleichfalls Gesellschafterin war, als seine gesetzliche Vertreterin. Eine vormundschaftsgerichtliche Genehmigung wurde nicht eingeholt, ebensowenig die nach dem damaligen Recht für den Verkauf von Grundstücken notwendige behördliche Genehmigung. Die Löschungsbewilligung für die Hypotheken wurde beigebracht, führte aber nicht zur Löschung, da die Gläubigerin Aufwertung verlangte und gegen die G. m. b. H. erfolgreich mit Klage vorging. Diese, der auch die Käufer der Geschäftsanteile ihre Ansprüche abgetreten hatten, klagte nun gegen die Verkäufer auf Befreiung von diesen Verpflichtungen. In zwei Rechtszügen wurde die Klage abgewiesen. Das Reichsgericht verwies die Sache zurück. Das Berufungsgericht hatte angenommen, daß der Vertrag mangels der vormundschaftsgerichtlichen Genehmigung unwirksam sei. Es hatte eine solche Genehmigung aus drei Gründen für notwendig erachtet: einmal, weil es sich um den Verkauf eines Grundstücks handelte (§ 1821 Nr. 1), dann, weil die Veräußerung eines Erwerbsgeschäfts eines Minderjährigen den Gegenstand des Vertrags bildete (§ 1822 Nr. 3), endlich, weil der Vertrag die Übernahme einer fremden Verbindlichkeit durch den Minderjährigen enthielt (§ 1822 Nr. 10). Das Reichsgericht trat dieser Auffassung nur hinsichtlich des dritten Punktes bei. Für den Fall der Veräußerung sämtlicher Geschäftsanteile einer G. m. b. H., deren einziges Vermögen in einem Grundstück besteht, ist schon ausgesprochen worden, daß in einem solchen Fall nach der Verkehrsauffassung das Grundstück selbst veräußert wird und daß darum die Gewährleistungsvorschriften über den Kauf anwendbar sind. Der Hinweis auf die Verkehrsauffassung zeigt aber, daß es sich bei diesen Entscheidungen nur darum handelte, zu ermitteln, was die Parteien sich nach dem Vertrag gegenseitig zu leisten hatten. Aus dieser Rechtsprechung folgt nicht, daß auf einen derartigen Verkauf alle gesetzlichen Vorschriften über den Verkehr mit Grundstücken anwendbar sind; vielmehr ist bei jeder gesetzlichen Vorschrift zu prüfen, ob die wirtschaftlichen Erwägungen in den Vordergrund zu stellen sind oder ob die rechtliche Gestaltung, insbesondere aus Gründen der Rechtssicherheit, als ausschlaggebend anzusehen ist. Ob der wirtschaftliche Gesichtspunkt ausschlaggebend wäre, wenn ein Minderjähriger Inhaber sämtlicher Geschäftsanteile einer nur ein Grundstück besitzenden G. m. b. H. wäre, konnte dahingestellt bleiben; hat der Minderjährige nur einzelne Geschäftsanteile, so fehlt es vom wirtschaftlichen Standpunkt aus an der Notwendigkeit der Gleichstellung seiner Rechtslage als Gesellschafter mit jener des Eigentümers. Dagegen spricht das Interesse der Rechtssicherheit gegen die Genehmigungspflicht. Ebenso ließ sich die Notwendigkeit vormundschaftsgerichtlicher Genehmigung nicht aus dem Gesichtspunkt der Veräußerung eines Erwerbsgeschäfts vertreten. Wenn auch eine G. m. b. H. als Handelsgesellschaft gilt und demgemäß als Vollkaufmann anzusehen ist, folgt daraus doch nicht, daß sie stets ein Erwerbsgeschäft betreibt, eine berufsgemäß ausgeübte, auf selbständigen Erwerb gerichtete Tätigkeit entwickelt; sie kann auch gemeinnützigen oder anderen idealen Zwecken dienen. Keinesfalls lag ein Erwerbsgeschäft des minderjährigen Gesellschafters vor, ebensowenig die Beteiligung an einem solchen. Der Vater des Minderjährigen hatte den Geschäftsanteil lediglich als Treuhänder seiner Frau besessen und war an dem Gedeihen des Unternehmens der Gesellschaft nicht beteiligt. Ob dieses Treuhandverhältnis durch seinen Tod erloschen oder auf seinen Sohn als Erben übergegangen war, stand nicht fest; jedenfalls aber war kein Anhaltspunkt dafür vorhanden, daß der Minderjährige am Gewinn oder Verlust des Unternehmens beteiligt war. Dagegen ergab sich die Genehmigungspflicht daraus, daß der minderjährige Gesellschafter fremde Verbindlichkeiten übernommen hatte. Eine solche Übernahme lag noch nicht darin, daß sich die sämtlichen Käufer verpflichteten, die Löschungsbewilligung für die Hypothek beizubringen und für die Schuldenfreiheit der Gesellschaft im übrigen einzustehen. Hierdurch wurden nicht wirtschaftlich fremde Verbindlichkeiten in der Weise übernommen, daß die G. m. b. H. nach wie vor trotz der Übernahme dafür aufkommen sollte. Der Fall der Übernahme muß so liegen, daß entweder der Minderjährige nur neben oder hinter dem Schuldner haftet, dessen Verbindlichkeit übernommen wird, oder zwar allein haftet, jedoch mit Vorbehalt des Rückgriffs gegen den Schuldner. Der Minderjährige soll geschützt werden gegen die Gefahren einer Bürgschaft oder eines ähnlichen Eintretens für einen Dritten, Gefahren, die darin bestehen, daß die Erlangung des Ersatzes von dem Dritten zweifelhaft ist. Eine derartige Gefahr ist nicht vorhanden, wenn der Minderjährige nach dem Vertrag die Leistung als eigene bewirken soll. Dagegen lag die Übernahme einer fremden Verbindlichkeit darin, daß alle Verkäufer samtverbindlich für die Erfüllung aller Verpflichtungen aus dem Vertrag hafteten. Der Minderjährige übernahm damit auch die Haftung für die Verpflichtungen der Verkäufer der anderen Geschäftsanteile, insbesondere auch die Haftung für ihre Lieferung. Während nach § 427 BGB. mehrere, die sich durch Vertrag gemeinschaftlich zu einer teilbaren Leistung verpflichteten, nur im Zweifel als Gesamtschuldner haften, wurde hier der Zweifel durch ausdrückliche vertragliche Festlegung der Gesamthaftung ausgeschlossen. Die Genehmigung ist zudem auch dann notwendig, wenn die Haftung für die fremde Verbindlichkeit gesetzliche Folge des Vertragsschlusses ist; der Minderjährige soll gegen die Gefahr des Abschlusses von Verträgen geschützt werden, durch die seine Haftung für eine fremde Verbindlichkeit nach Art einer Bürgschaft begründet wird. Deshalb kann es auch keinen Unterschied machen, ob die Verbindlichkeit des Dritten schon vor dem Vertragsschluß bestanden hat oder erst durch ihn entsteht. Die Notwendigkeit der vormundschaftsgerichtlichen Genehmigung bestand auch dann, wenn der Minderjährige den Geschäftsanteil nur als Treuhänder besaß; er hatte zwar in diesem Fall die Verpflichtung, den Geschäftsanteil weisungsgemäß an dritte Personen abzutreten, nicht aber die Verpflichtung, bei der Veräußerung auch eine Haftung für andere Treuhänder zu übernehmen. Das Fehlen der vormundschaftsgerichtlichen Genehmigung hatte aber nicht eine teilweise Nichtigkeit des Vertrags zur Folge; vielmehr hing seine Wirksamkeit von der nachträglichen Genehmigung ab. Stellte sich durch Versagung der Genehmigung seine Unwirksamkeit heraus, so war die Sache allerdings so zu behandeln, als ob er von Anfang an nichtig gewesen wäre. Die Nichtigkeit eine Teils eines Rechtsgeschäftes zieht aber die Nichtigkeit des ganzen Ge-

schäfts dann nicht nach sich, wenn anzunehmen ist, daß dieses auch ohne den nichtigen Teil vorgenommen worden wäre. Das Berufungsgericht hatte angenommen, daß die Käufer erkennbar das ganze Grundstück erwerben wollten und mit einer weiteren Beteiligung des Minderjährigen nicht einverstanden gewesen wären. Die vormundschaftsgerichtliche Genehmigung war aber nur für die Übernahme der Verbindlichkeiten der anderen Verkäufer notwendig; es war also zu prüfen, ob die Käufer und Verkäufer den Vertrag nicht auch dann abgeschlossen hätten, wenn der Minderjährige diese Verbindlichkeiten nicht übernommen hätte. Das war anzunehmen. Somit war der Vertrag mit dieser Einschränkung aufrechtzuerhalten. (II, 12. Mai 1931.) Amtl. Sammlg. S. 7—16.
Vgl. Bd. 59 S. 174; Bd. 114 S. 35; Bd. 120 S. 126, 283; Bd. 124 S. 164.

3. **Schiedsrichterliches Verfahren. Vertragsauslegung. Gegenansprüche.** (ZPO. §§ 1025, 1041.) Zwischen mehreren Gesellschaften wurde ein Vertrag über die Ausnutzung von Patenten geschlossen. Alle aus Anlaß des Vertrags entstehenden Rechtsstreitigkeiten sollten unter Ausschluß des ordentlichen Rechtswegs durch ein Schiedsgericht erledigt werden; nur für die dem Grund und der Höhe nach anerkannten Zahlungsverbindlichkeiten sollten die ordentlichen Gerichte zuständig sein. Es wurden Lizenzgebühren eingeklagt. Die Beklagten erhoben die Einrede des Schiedsvertrags und machten einen die Klageforderung übersteigenden Schadenersatzanspruch aufrechnungsweise geltend. Die Klage wurde abgewiesen. Wenn auch die Klageforderung an sich nicht bestritten war, so war doch die ausnahmsweise vorgesehene Zuständigkeit der Gerichte nicht gegeben. Das Berufungsgericht hatte diese Bestimmung dahin ausgelegt, daß das Schiedsgericht mit reinen Inkassoprozessen nicht befaßt werden sollte; wo es sich nur darum handelte, ein Versäumnis- oder Anerkenntnisurteil zu erwirken oder Zahlungsfrist zu gewähren, sollte das Schiedsgericht nicht in Anspruch genommen werden. Diese Auslegung war mit der Revision nur dann angreifbar, wenn sie gegen Auslegungsgrundsätze verstieß oder sich als unmöglich herausstellte. Das traf nicht zu; insbesondere war es richtig, daß die Bestimmung als eine Ausnahmevorschrift eng ausgelegt wurde.

Der mit der Klage verfolgte Anspruch auf Zahlung von Lizenzgebühr wurde unmittelbar aus dem Vertrag hergeleitet, so daß also eine aus Anlaß des Vertrags entstandene Rechtsstreitigkeit vorlag. Von welcher Bedeutung die Einwendungen waren, die von den Beklagten dem Klageanspruch entgegengesetzt wurden, war nicht von Bedeutung. Zur Entscheidung über diese Einwendungen war das Schiedsgericht ohne Rücksicht darauf befugt, ob die geltend gemachten Gegenansprüche bei selbständiger Erhebung dem Bereich des Schiedsvertrags angehören würden. Die Beklagten hatten sich auch darauf berufen, daß in einem vorausgegangenen Rechtsstreit die Aufhebung eines Schiedsspruchs wegen Unzuständigkeit des Schiedsgerichts ausgesprochen worden sei. Wenn ein schiedsrichterliches Verfahren ergebnislos verlaufen ist, kann es nicht erneut eingeleitet werden; als Voraussetzung hat aber zu gelten, daß es sich um dieselbe Streitigkeit handelt. Wenn ein Schiedsvertrag vorliegt, der alle Rechtsstreitigkeiten umfaßt, die sich aus einem auf längere Dauer berechneten Vertragsverhältnis ergeben können, wird durch das Scheitern des wegen eines bestimmten Streitfalls eingetretenen Schiedsgerichtsverfahren die Einleitung eines solchen für einen neu aufgetretenen Streitfall nicht gehindert. (VII, 2. Juni 1931.) Amtl. Sammlg. S. 16—20. Vgl. Bd. 41 S. 398; Bd. 108 S. 379; Bd. 114 S. 170.

4. Ehevertrag. Erbvertrag. Form. Gesetzesauslegung. (BGB. §§ 1432, 1434, 2276.) In einem Vertrag, der als Ehe- und Erbvertrag bezeichnet wurde, vereinbarten Brautleute, daß in ihrer Ehe der gesetzliche Güterstand gelten solle. Nach dem Ableben eines Ehegatten sollte dem Überlebenden, soferne er keine neue Ehe eingehe, Nießbrauch und Verwaltung des Nachlasses bis an sein Lebensende zustehen. Nach dem Tode der Frau wurde deren Anwesen auf ihren Sohn, der nicht aus der Ehe stammte, überschrieben. Der überlebende Ehegatte nahm das Recht der Verwaltung und Nutznießung in Anspruch. Der Sohn bestritt es ihm, weil der Vertrag nicht in der für einen Erbvertrag vorgeschriebenen Form abgeschlossen und darum ungültig sei. Seine Klage auf Räumung drang vor dem Berufungsgericht durch. Das Reichsgericht verwies die Sache zurück. Für Erbverträge, die mit Eheverträgen in einer Urkunde verbunden werden, genügt die für

Eheverträge vorgeschriebene Form; diese war eingehalten. Das Berufungsgericht hatte angenommen, daß der Vertrag deshalb nicht als Erbvertrag angesehen werden könne, weil keine Abweichung vom gesetzlichen Güterrecht, das ohnehin eingetreten wäre, vereinbart worden sei. Das erklärte das Reichsgericht für rechtsirrig. Der Vertrag war von Brautleuten geschlossen worden, die offensichtlich ihre gesamten güterrechtlichen und erbrechtlichen Verhältnisse für den Fall, daß die Ehe zustande kam, erschöpfend regeln wollten. Es handelte sich nicht um die vertragliche Anerkennung eines Güterstandes, der ohnehin schon kraft Gesetzes bestand; vielmehr lag die Bedeutung des Vertrags darin, daß die Verlobten die Einführung eines anderen Güterstandes ausschließen wollten. Im ersten Entwurf des Bürgerlichen Gesetzbuchs war allerdings als Ehevertrag ein Vertrag bezeichnet, durch den die Ehegatten den kraft Gesetzes eintretenden Güterstand ausschließen oder ändern oder eine solche Vereinbarung aufheben. Die Protokolle über die Beratungen lassen ersehen, daß man diese Vorschrift nur redaktionell ändern wollte. Absichten und Vorstellungen des Gesetzgebers, die im Gesetz selbst keinen erkennbaren Ausdruck gefunden haben, kommen aber für die Auslegung nicht in Betracht. (IV, 4. Mai 1931.) Amtl. Sammlg. S. 20—23.

5. **Fürsorgeerziehung.** (RJWG. §§ 63, 72, 73; FGG. §§ 27, 28.) Über einen Knaben wurde die Fürsorgeerziehung zum Zwecke der Beseitigung der Verwahrlosung wegen Unzulänglichkeit der Erziehung angeordnet. Er wurde als geisteskrank erkannt und in eine Heilanstalt eingeliefert. Auf Antrag seiner Mutter hob das Vormundschaftsgericht die Fürsorgeerziehung auf, weil der Knabe schon zur Zeit der Anordnung an Geisteskrankheit gelitten habe, der Zweck der Fürsorgeerziehung also schon zur Zeit ihrer Anordnung unerreichbar gewesen sei. Das Landgericht verwarf die Beschwerde. Das Kammergericht wollte der weiteren Beschwerde stattgeben, legte aber die Sache wegen eines entgegenstehenden Beschlusses des Bayerischen Obersten Landesgerichts dem Reichsgericht vor. Dieses erklärte die Aufhebung der Fürsorgeerziehung für nicht gerechtfertigt. Vor Eintritt der Volljährigkeit des Zöglings kann die Fürsorgeerziehung nur unter den Voraussetzungen der §§ 72, 73 RJWG. aufgehoben werden. § 73

spricht von vorzeitiger Entlassung, versteht aber darunter die Aufhebung der Fürsorgeerziehung. Wenn aus Gründen, die in der Person des Zöglings liegen, die Fürsorgeerziehung unausführbar ist, kann die Entlassung nur eine endgültige sein; für eine Fortsetzung des Fürsorgeerziehungsverfahrens ist kein Raum mehr. Die Vorschrift trifft auch dann zu, wenn die Unerziehbarkeit schon im Zeitpunkt der Anordnung der Fürsorgeerziehung vorlag, damals aber noch nicht erkennbar war. Sonach war an sich die Aufhebung der Fürsorgeerziehung zulässig; es fehlte aber an der weiteren Voraussetzung, daß für eine anderweitige gesetzlich geregelte Bewahrung des Knaben gesorgt war (IV, 11. Mai 1931.)

Amtl. Sammlg. S. 24—28.

Vgl. JFG. Bd. 5 S. 92.

6. **Besetzung der Zivilkammer.** (GVG. §§ 59, 60, 63, 64, 69, 192.) Einer Zivilkammer waren vier Richter mehr zugeteilt worden, als sie zur Entscheidung im einzelnen Fall brauchte; welche Richter jeweils mitzuwirken hatten, bestimmte der Vorsitzende. Das Reichsgericht erklärte dieses Verfahren für zulässig. Im Gesetz ist nur gesagt, daß die Landgerichte mit der erforderlichen Zahl von Richtern besetzt werden, daß Zivil- und Strafkammern zu bilden sind und daß bei den Entscheidungen nur Richter in der gesetzlich bestimmten Zahl mitwirken dürfen. Auch die Verhandlungen, die der Fassung des Gesetzes vorhergingen, geben keinen Anhaltspunkt für eine engere Auffassung. Allerdings erweisen sie, daß die Zusammensetzung der Gerichte dem Einfluß der Justizverwaltung entzogen werden sollte. Diesem Zweck dient eine Reihe von Vorschriften. Es geht aber nicht an, darüber hinaus noch weitere Schranken aufzurichten, und zwar auch dann nicht, wenn sich ergeben sollte, daß für gewisse Fälle die Einwirkung der Justizverwaltung nicht ausgeschlossen ist. Im vorliegenden Fall kam eine solche Einwirkung nicht in Frage. Die Verteilung der Geschäfte unter die einzelnen Mitglieder der Kammer ist immer Sache des Vorsitzenden; dazu gehört auch die Bestimmung, welche Richter an den einzelnen Sitzungen teilzunehmen haben. Im gegebenen Fall war zudem diese Bestimmung von vorneherein für die ganze Dauer des Geschäftsjahres getroffen worden. (IV, 18. Mai 1931.) Amtl. Sammlg. S. 29—33.

7. **Aktienrecht. Gründerhaftung. Vergleich. Teilweise Nichtigkeit.** (BGB. §§ 134, 139; HGB. §§ 202—205.) Durch Vertrag vom 3. Mai 1922 wurde eine Aktiengesellschaft gegründet; sie wurde am 29. Juli 1922 in das Handelsregister eingetragen. Zwischen zwei Gründern, M. und G., kam es zu Streitigkeiten; diese führten dazu, daß M. seine sämtlichen Aktien an G. verkaufte. In der Folgezeit entstanden weitere Streitigkeiten zwischen M. einerseits und der Aktiengesellschaft anderseits. Am 29. Dezember 1922 wurde ein außergerichtlicher Vergleich geschlossen, wornach M. zur endgültigen Abfindung seiner Ansprüche einen bestimmten Betrag erhalten sollte und auf weitere Ansprüche verzichtete; anderseits erklärten G. und die Aktiengesellschaft, daß sie keinerlei Ansprüche gegen M. mehr hätten. Der zugesicherte Betrag wurde alsbald bezahlt. Am 6. Februar 1923 teilten die beiderseitigen Prozeßbevollmächtigten den Vergleich in einem gemeinsamen Schriftsatz dem Landgericht mit und fügten bei, daß die Aktiengesellschaft sich verpflichtet habe, den Vergleich durch die Generalversammlung genehmigen und die Genehmigung nach Ablauf der Fünfjahresfrist aus § 205 HGB. wiederholen zu lassen. Im Jahre 1927 klagte M. gegen G. auf Aufwertung des Kaufpreises für die Aktien. Durch Beschluß vom 8. Juli 1927 wurde der Vergleich von der Generalversammlung der Aktiengesellschaft genehmigt. Das Landgericht wies die Klage ab. Während des Berufungsverfahrens erhob der Kläger mit Zustimmung des Beklagten Inzidentfeststellungsklage dahin, es möge festgestellt werden, daß der Vergleich nichtig sei, hilfweise: daß der Beklagte sich auf den Vergleich nicht berufen könne. Das Berufungsgericht gab dem Antrag im zweiten Sinne statt. Das Reichsgericht erklärte den Vergleich für nichtig. Unhaltbar war allerdings die Ausführung des Klägers, die Generalversammlung habe nur den Vergleich vom 29. Dezember 1922 genehmigt, dieser sei aber nichtig, weil darin die Genehmigung der Generalversammlung nicht vorbehalten worden sei. Mit Recht hatte sich das Berufungsgericht nicht an den Wortlaut des Genehmigungsbeschlusses gehalten, sondern den wahren Willen der Generalversammlung erforscht; dieser konnte aber nur dahin gegangen sein, den Vergleich, wie er unter den Parteien endgültig geschlossen worden war, zu ge-

nehmigen. Die gemeinsame Erklärung der Parteivertreter enthielt nur eine Neufassung des seinem Inhalt nach am 29. Dezember 1922 festgelegten Vergleichs; sie hatte das Ziel, den Vergleich durch den Zusatz über die Einholung der Genehmigung der Generalversammlung wirksam zu machen. Wenn der Beschluß der Generalversammlung überhaupt einen Sinn haben sollte, konnte dieser nur dahin gehen, daß die Genehmigung für den Vergleich in der Fassung vom 6. Februar 1923 erteilt werde. Durch diese Genehmigung wurde aber der Vergleich nicht wirksam. Bei der Vorschrift des § 205 HGB., welche derartige Vergleiche vor Ablauf von fünf Jahren seit der Eintragung der Aktiengesellschaft in das Handelsregister für unzulässig erklärt, handelt es sich um ein im öffentlichen Interesse erlassenes Verbot; dieses hat den Zweck, die durch die §§ 202—204 festgesetzte strenge Haftung der Gründer durch vorzeitige Entlastungsvereinbarungen hinfällig zu machen. Hieraus ergibt sich, daß jede Bindung der Aktiengesellschaft, durch welche sie gehindert wird, die Ansprüche aus der Gründerhaftung jederzeit zu verfolgen, unzulässig ist und nach § 134 BGB. die Nichtigkeit des erstrebten Rechtsgeschäfts zur Folge hat. Das gilt auch für Vergleiche die unter der Bedingung der später zu erklärenden Genehmigung der Generalversammlung geschlossen werden; auch eine solche bedingte Bindung der Gesellschaft widerspricht dem Gesetz, denn sie enthält einen Verzicht auf die Geltendmachung des Anspruchs während der Schwebezeit. Die Nichtigkeit des Vergleichs im Verhältnis zwischen dem Kläger und der Aktiengesellschaft hatte aber die Nichtigkeit des ganzen Vergleichs zur Folge, auch soweit es sich um das Verhältnis zwischen den Streitteilen handelte. Der Sachverhalt sprach dafür, daß der Kläger den Vergleich nicht geschlossen hätte, wenn nicht die Aktiengesellschaft wirksam auf ihre Ansprüche aus der Gründung verzichtete. (II, 19. Mai 1931.)

Amtl. Sammlg. S. 34—40.

8. **Anfechtung im Konkurs. Nichterfüllte Geschäfte. Wahlrecht des Konkursverwalters. Ersatzaussonderung. Treuhandverhältnis. Kommissionsgeschäft. Gesetzesauslegung.** (KO. §§ 17, 30, 31, 46.) Eine Automobilhandlung bestellte im Mai 1927 bei einer Fabrik zwei Wagen zum Zwecke des Weiterverkaufs. Nach den Vertragsbe-

dingungen blieben die Wagen bis zur völligen Zahlung des Kaufpreises Eigentum der Fabrik; dieser Vorbehalt war auch im Falle eines Weiterverkaufs gegenüber dem neuen Käufer zu machen. Im Oktober 1927 ließ sich die Fabrik die Restforderungen aus den Weiterverkäufen abtreten und zog sie ein. Am 17. Januar 1928 geriet die Automobilhandlung in Konkurs. Der Konkursverwalter focht die Abtretungen an. Das Berufungsgericht wies die Klage ab. Die Revision des Klägers hatte Erfolg. Wenn die Abtretungen nicht erfolgt und die Kaufpreise bei Eröffnung des Konkursverfahrens noch nicht gezahlt gewesen wären, hätte es sich um beiderseits nicht vollständig erfüllte gegenseitige Verträge gehandelt; die den Gegenstand der Verpflichtung des Verkäufers bildende Verschaffung des Eigentums ist erst mit dem Eintritt der Bedingung vollzogen, unter der die Übertragung erfolgte. Daraus hatte das Berufungsgericht gefolgert, daß durch die Abtretungen der Stand der Masse nicht verschlechtert worden sei; hätte der Konkursverwalter die Erfüllung dieser Verträge verlangt, so hätte er die Kaufpreisreste an die Beklagte abführen müssen, hätte er sie aber abgelehnt, so wäre er verpflichtet gewesen, der Beklagten den Herausgabeanspruch abzutreten und hätte die von ihr zurückzugewährenden Anzahlungen der Gemeinschuldnerin an die Abkäufer weitergeben müssen. Diese Auffassung erklärte das Reichsgericht für rechtsirrig. Es war nur in Betracht gezogen, daß der Konkursverwalter die Erfüllung der Ankäufe und der Weiterverkäufe gleichmäßig abgelehnt oder gefördert und bewirkt haben würde. Eine solche Verbindung war aber durch das Gesetz nicht vorgeschrieben. Einer Erfüllung der Weiterverkaufsgeschäfte bei Ablehnung der Ankaufsgeschäfte stand auch nicht entgegen, daß die weiterverkauften Sachen von der Gemeinschuldnerin erst durch die Ankaufsgeschäfte erworben worden waren und deren Nichterfüllung die Beklagte berechtigt hätte, die Rückgabe der noch nicht endgültig in das Eigentum der Gemeinschuldnerin übergegangenen Sachen von dieser zu verlangen; da sich die Wagen bei der Eröffnung des Konkurses nicht mehr im unmittelbaren Besitz der Gemeinschuldnerin befanden, würde durch die Rückgabeansprüche der Beklagten gegen die Gemeinschuldnerin die fernere Erfüllung der von dieser getätigten Weiterverkäufe in keiner Weise gehindert worden sein. Der Vergleich zwischen der durch die angefochtenen Abtretungen geschaffenen und der ohne sie auf Grund des § 17 KO. bestehenden Lage der Masse hätte daher das Berufungsgericht nur dann zur Verneinung einer objektiven Benachteiligung führen dürfen, wenn sich eine solche auch bei Berücksichtigung der Möglichkeit verschiedenartiger Ausübung des Wahlrechts für das Ankaufs- und Weiterverkaufsgeschäft nicht hätte feststellen lassen. Das Berufungsgericht hatte auch angenommen, daß ohne die Abtretungen der Beklagten ein Ersatzaussonderungsrecht am Weiterverkauferlös zugestanden hätte, weil ihr Eigentumsvorbehalt mit dem Weiterverkauf nicht erloschen, sondern nur inhaltlich verändert, nämlich von der Zahlung durch die Abkäufer abhängig gemacht worden war. § 46 KO. will aber ein Ersatzaussonderungsrecht nur für den Fall der unrechtmäßigen Veräußerung gewähren; wenn das auch aus dem Wortlaut der Vorschrift nicht zu entnehmen ist, so ist doch aus den Motiven zum Gesetz zu ersehen, daß durch sie nur die Unbilligkeit verhütet werden sollte, die sich bei einer unrechtmäßigen Veräußerung einer dem Gemeinschuldner nicht gehörenden Sache aus der Einziehung des Erlöses zur Masse ergäbe. Das Ersatzaussonderungsrecht stellt eine Ausnahme von dem Grundsatz des § 43 KO. dar, daß Aussonderungsansprüche nur nach Maßgabe der außerhalb des Konkursverfahrens geltenden Gesetze anerkannt werden sollen. Aber auch wenn man annimmt, daß das Ersatzaussonderungsrecht nur dann entfällt, wenn der Eigentümer auf sein Aussonderungsrecht verzichtet hat, so kann es keinen Unterschied machen, ob der Weiterverkauf dem Vorbehaltskäufer schlechthin oder ob er ihm nur unter der Bedingung der Auferlegung weiteren Eigentumsvorbehalts zugunsten des ersten Verkäufers gemacht worden ist; der Weiterverkauf ist in dem einen wie in dem anderen Fall rechtmäßig und es ist auch ein Verzicht auf das Aussonderungsrecht an der Kaufsache im Konkurs des ersten Käufers in gleicher Weise anzunehmen. Die Beklagte hatte auch ausgeführt, daß die Gemeinschuldnerin als ihre Treuhänderin bezüglich der Wagen anzusehen und daß sie als solche verpflichtet gewesen sei, die Kaufpreisforderungen auf den Namen der Beklagten zu stellen oder daß sie doch, wenigstens wirtschaftlich, diese unmittelbar für die Beklagte erworben habe. Das Reichsgericht hat in einem Fall die Aussonderung von Grundstücken für zulässig erklärt, die dem Gemeinschuldner nur zum Zwecke der Erleichterung von Verfügungen bei einer Erbauseinandersetzung zwischen den Aussonderungsklägern aufgelassen worden waren. Ein wirtschaftliches Eigentum des Treuhänders, wie es in diesem Fall angenommen wurde, kann aber an einer Forderung des Treuhänders, die der Regel nach den dem Treuhänder zukommenden Betrag übersteigt, nicht ohne weiteres als von den Parteien gewollt angenommen werden. Jedenfalls bedurfte diese Frage noch näherer Prüfung. (VII, 2. Juni 1931.)

Amtl. Sammlg. S. 40—45.

Vgl. Bd. 45 S. 80; Bd. 64 S. 204, 334; Bd. 85 S. 402; Bd. 95 S. 105; Bd. 115 S. 262.

9. **Abtretungsvertrag. Anfechtung im Konkurs. Feststellungsklage.** (KO. §§ 29, 30, 37; AnfG. § 9.) Der Besitzer eines Elektrizitätswerks hatte von einer Bank Darlehen erhalten; zur Sicherung trat er alle Einkünfte aus dem Elektrizitätswerk an die Bank ab. Zwei Monate später fiel er in Konkurs. Der Konkursverwalter hielt sich zunächst an den Vertrag und lieferte die Einkünfte aus dem Elektrizitätswerk an die Bank ab; dann focht er den Vertrag an und klagte auf Feststellung der Unwirksamkeit. Die Klage drang in zwei Rechtszügen durch; das Urteil wurde rechtskräftig. Nun erhob der Konkursverwalter Klage auf Rückgabe aller Zahlungen. Das Berufungsgericht sprach ihm nur die Zahlungen bis zur Eröffnung des Konkursverfahrens zu. Das Reichsgericht gab seiner Revision statt und verwarf die Anschlußrevision der beklagten Bank. Diese war darauf gestützt, daß die Anfechtungsklage verspätet erhoben worden war. Das konnte nicht nachgeprüft werden, da das Urteil im Vorprozeß das schon entschieden hatte. Die Anschlußrevision hatte dazu weiter ausgeführt, daß die durch dieses Urteil getroffenen Feststellungen rein abstrakt seien, da sie weder erkennen ließen, was aus dem Vermögen des Gemeinschuldners weggegeben worden sei, noch die Frage der Rückgewähr irgendwie entschieden; es müsse für jede Zahlung nachgeprüft werden, ob sie unter die Anfechtung falle. Dieser Auffassung lag der Irrtum zugrunde, als ob es sich um

ein schuldrechtliches Grundgeschäft und mehrere dingliche Erfüllungsgeschäfte gehandelt habe. Das war nicht der Fall. Der Gemeinschuldner hatte alle Forderungen, die im Betrieb seines Elektrizitätswerks entstehen würden, an die Beklagte abgetreten; hierin lag das dingliche Erfüllungsgeschäft, durch das etwas aus seinem Vermögen weggegeben wurde. Diese Abtretung war das Rechtsgeschäft, das angefochten werden mußte und auch angefochten wurde. Unerheblich war dabei die Art, wie die Beträge an die Beklagte gelangten. Es war vereinbart worden, daß die Abtretung den Schuldnern nicht mitgeteilt werden sollte, daß vielmehr der Gemeinschuldner als Beauftragter der Beklagten die Beträge einziehen sollte mit der Wirkung, daß sie sofort mit dem Eingang in das Eigentum der Beklagten fielen. Durch die einzelne Abführung dieser Beträge empfing also die Beklagte nur Geld, das ihr schon gehörte. Der Anfechtungsanspruch konnte auch in der Form einer Feststellungsklage verfolgt werden; daß eine solche für den Fall der Anfechtung außerhalb des Konkurses nicht zugelassen ist, stand nicht entgegen. Dieser Klage war im Vorprozeß stattgegeben worden; die Gründe dieses Urteils durften nicht nachgeprüft werden. Somit war alles, was aus dem Vermögen des Gemeinschuldners weggegeben war, zur Konkursmasse zurückzugewähren. Eigentlich hätte die Beklagte die abgetretenen Forderungen an den Kläger zurückabtreten müssen; da das nicht mehr möglich war, stand dem Kläger ein Anspruch auf Ersatz der weggegebenen Forderungen in Geld zu. Das erstreckte sich auch auf die vom Konkursverwalter selbst abgeführten Beträge; der ganze Vertrag, auch soweit er sich auf die diesen Zahlungen zugrunde liegenden Forderungen bezog, war für unwirksam erklärt worden. Die Sache wurde nur zum Zwecke der Entscheidung über die Zinsen zurückverwiesen. (VII, 5. Juli 1931.)
Amtl. Sammlg. S. 46—50.

Vgl. Bd. 44 S. 93; Bd. 58 S. 47; Bd. 77 S. 69.

10. Kartellverordnung. Vertragliche Preisbildung der zweiten Hand. Preisschutz. Allgemeine Geschäftsbedingungen. Gute Sitten. (KartVO. §§ 1, 3, 9; BGB. § 138.) Eine große Zahl von Fabriken, die sich mit der Herstellung von Kraftwagenreifen befaßten, schlossen im Dezember 1929 einen Vertrag über die Regelung des Geschäfts für 1930. Hienach sollten als Wiederverkäufer nur Personen und Firmen anerkannt werden, die auf Grund einer Prüfung in eine Liste aufgenommen würden; nur an sie sollten Kraftwagenreifen zu Wiederverkaufspreisen und Wiederverkaufsbedingungen geliefert werden. Dem Vertrag wurden als Anlagen und Vertragsbestandteile die Wiederverkaufsbestimmungen nebst einheitlichen und bindenden Lieferungs- und Zahlungsbedingungen beigegeben. Über einen Preisschutz enthielt der Vertrag nichts. Eine Fabrik, die am Vertrag beteiligt war, führte einen solchen in der Weise ein, daß sie Preislisten mit Angabe der Kaufpreise und der Lieferungsbedingungen an ihre Abnehmer versandte und von diesen die Unterzeichnung eines Reverses verlangte, wonach sie sich verpflichteten, die Verkaufspreise streng einzuhalten; im Falle eines Verstoßes sollte die Fabrik berechtigt sein, die Weiterlieferung von Reifen zu verweigern und von schon abgeschlossenen Lieferungsverträgen zurückzutreten; außerdem sollte eine Vertragsstrafe fällig sein und auf deren richterliche Herabsetzung verzichtet werden. Gegen einen Abnehmer, der den Revers unterzeichnet hatte, wurde wegen Vertragsverletzung auf Unterlassung und Zahlung der Vertragsstrafe geklagt. Dieser erhob Widerklage auf Feststellung der Unverbindlichkeit des Reversvertrags. Die Klage drang durch; die Widerklage wurde abgewiesen. Wenn ein Kaufmann einem anderen seine Geschäftsbedingungen unter dem Hinweis darauf mitteilt, daß sie für künftige Geschäfte maßgebend sein sollen, und der andere Teil, ohne Widerspruch dagegen zu erheben, mit ihm solche Abschlüsse vornimmt, werden die mitgeteilten Geschäftsbedingungen mangels anderweitiger Vereinbarung stillschweigend Bestandteile der einzelnen Verträge. Im gegebenen Fall hatte sich zudem der Beklagte durch den Revers vertraglich auf die Preisschutzbestimmungen der Klägerin verpflichtet, falls diese Bindung nicht etwa aus anderen Rechtsgründen entfiel. Durch die Unterzeichnung und Zurücksendung des Reverses war ein Vertrag zustandegekommen, wie er bei den preisgebundenen Waren vielfach üblich ist. Die Unwirksamkeit dieses Vertrags ließ sich auch nicht aus der Kartellverordnung begründen. Der zwischen den Fabriken abgeschlossene Vertrag war als ein Kartellvertrag anzusehen, weil er Verpflichtungen über die Handhabung des Absatzes, die Anwendung von Geschäftsbedingungen usw. enthielt. Der Preisschutz war aber nicht Gegenstand der Kartellbindung; der Vertrag bestimmte vielmehr ausdrücklich, daß in der Festsetzung der Preise jede Fabrik frei sein solle. Bindungen, wie sie durch den Reversvertrag auferlegt wurden, waren auch nicht schon als Kartellvertrag oder kartellähnliche Abreden im Sinne des § 1 der Kartellverordnung anzusehen; jedenfalls nicht zur Zeit der Erlassung des angegriffenen Urteils, da damals die Notverordnung vom 26. Juli 1930 noch nicht galt. Der Reversvertrag verstieß auch nicht gegen die guten Sitten. Grundsätzliche Bedenken gegen die Zulässigkeit vertraglicher Preisbindungen der zweiten und weiteren Hand bestehen nicht, soweit sich diese Bindungen im Rahmen des allgemeinen Rechts halten. Der Reversvertrag stand auch mit dem Kartellvertrag in keinem notwendigen Zusammenhang; er wurde nicht ohne weiteres hinfällig, wenn dem Kartellvertrag, sei es überhaupt, sei es in einzelnen Teilen, die Gültigkeit aberkannt wurde. Eine unsittliche Knebelung des Beklagten war in dem Vertrag nicht zu finden. Der Beklagte war nicht darauf angewiesen, seine Reifen von der Klägerin zu beziehen; die Preise waren auch so gesetzt, daß dem Beklagten noch ein beträchtlicher Verdienst blieb. Daß ein Preisschutz, der dem Händler immer noch einen gewissen Spielraum in den sonst gebundenen Preisen läßt, sittenwidrig wäre, läßt sich nicht entfernt behaupten. Ein rechtliches Hindernis gegen die Übernahme einer schuldrechtlichen Verpflichtung, Waren nicht unter einem bestimmten Preis abzugeben, besteht im Rahmen der allgemeinen Vertragsfreiheit nicht. Eine solche Unterlassungspflicht kann auch klageweise verfolgt und durch Vollstreckung erzwungen werden. (II, 22. Mai 1931.)

Amtl. Sammlg. S. 51—63.

Vgl. Bd. 72 S. 393; Bd. 114 S. 262.

11. Aufwertung. Erfüllungsübernahme. Schuldbefreiungspflicht. Ausgleich. Treu und Glauben. (BGB. §§ 242, 415; AufwG. § 15.) G. verkaufte im Jahre 1920 ein Grundstück an R. In Anrechnung auf den Kaufpreis übernahm dieser als Selbstschuldner zwei Darlehenshypotheken von insgesamt 250000 Mark. Die Bank, der die Hypotheken zustanden, verweigerte die Genehmigung zur

Schuldübernahme und verlangte von den Erben des G. Aufwertung. Die Aufwertungsstelle setzte den Aufwertungsbetrag auf 62 415,50 *GM* fest. Der Testamentsvollstrecker des G. klagte gegen R. auf Feststellung, daß er verpflichtet sei, den Nachlaß des G. von der Aufwertungsschuld zu befreien. Der Beklagte erklärte, er habe das Grundstück mit Verlust weiterverkauft; er sei bereit, seinen Schuldbefreiungsanspruch gegen seinen Abkäufer an den Kläger abzutreten; mehr könne dieser von ihm nicht verlangen. In zwei Rechtszügen drang die Klage durch. Das Reichsgericht verwies die Sache zurück. Für den Fall, daß der Gläubiger die Genehmigung der Schuldübernahme verweigert, schreibt das Gesetz vor, daß im Zweifel der Übernehmer dem Schuldner gegenüber verpflichtet sei, den Gläubiger rechtzeitig zu befriedigen. Diese Verpflichtung umfaßt in der Regel auch den Aufwertungsbetrag der Schuld. Das Reichsgericht hat aber in fester Rechtsprechung dem Grundstücksverkäufer einen aus § 242 BGB. hergeleiteten Ausgleichsanspruch zugebilligt, wenn durch die ihn treffende, vom Käufer nicht übernommene Aufwertungslast die Grundlage des Vertrags, das vorausgesetzte Verhältnis zwischen Leistung und Gegenleistung so stark erschüttert ist, daß ein starres Festhalten am Vertrag mit Treu und Glauben nicht vereinbar wäre; es besteht kein Grund, diesen Anspruch im umgekehrten Fall dem Käufer zu versagen, wenn er eine Schuld übernommen hat und diese durch die Aufwertungsgesetzgebung eine solche Größe erhält, daß die Grundlage des Vertrags erschüttert wird. Der Umstand, daß der Käufer das Grundstück erworben hat, wird es zwar selten als unbillig erscheinen lassen, wenn er die Aufwertung tragen muß; für sich allein reicht dieser Umstand aber nicht aus, dem Käufer die Berufung darauf abzuschneiden, namentlich dann nicht, wenn er das Grundstück nicht mehr besitzt. Allerdings geht es nicht an, daß der Käufer die Härteklausel des § 15 AufwG. für sich mit der Begründung in Anspruch nimmt, daß er das Grundstück mit Verlust weiterveräußert habe. Die Härtevorschrift regelt nur das Verhältnis zwischen dem Aufwertungsgläubiger und Aufwertungsschuldner; der Schuldübernehmer, den der Gläubiger nicht anerkennt, wird aber diesem Verhältnis ferngehalten. Dafür, daß er nicht schlechter gestellt werden dürfe, als wenn der Gläubiger die Schuldübernahme genehmigt hätte, findet sich im Gesetz kein Anhalt.. Der Gläubiger ist durchaus in seinem Recht, wenn er die Schuldübernahme deshalb nicht genehmigt, weil er beim Schuldübernehmer eine erfolgreiche Berufung auf die Härtevorschrift zu befürchten hat, beim bisherigen Schuldner aber nicht. Will der Erfüllungsübernehmer seine Pflicht gegen den Schuldner beseitigen oder beschränken, so muß er auf seinen Vertrag mit dem Schuldner zurückgreifen. Hiebei eröffnet ihm BGB. § 242 die Möglichkeit geltend zu machen, daß die Grundlage des Vertrags durch die Auswirkung der Aufwertungsgesetzgebung erschüttert sei. Tritt dann eine Rückwirkung auf den Aufwertungsgläubiger ein, so hat sie ihren Ursprung in dem Schuldübernahmevertrag, also in den Verhältnissen des Aufwertungsschuldners selbst. Der Beklagte hatte seiner Berechnung die Tabelle des Aufwertungsgesetzes zugrundegelegt. Bei einer Aufwertung nach BGB. § 242 kann aber diese Tabelle nicht als alleiniger Maßstab genügen; vielmehr ist unter Heranziehung mehrerer Maßstäbe zu ermitteln, welchen inneren Wert die Forderung, zu deren Tilgung sich der Beklagte beim Vertragsschluß verpflichtete, an diesem Tag hatte. Das war der Wert, mit dem er rechnen mußte; diesem Wert war der Aufwertungsbetrag gegenüberzustellen, den der Nachlaß des G. zu leisten hatte. Ergab der Vergleich beider Zahlen keine oder eine nur geringe Verschiebung des beim Vertrag vorausgesetzten Verhältnisses zwischen Leistung und Gegenleistung, so war die Vertragsgrundlage unerschüttert und die Befreiungspflicht des Beklagten in vollem Umfang in Bestand geblieben. Ergab sich aber eine wesentliche Verschiebung, so war je nach ihrer Stärke unter Berücksichtigung aller Umstände seine Befreiungspflicht zu beschränken oder ganz zu beseitigen. Dabei war auch zu berücksichtigen, daß das Grundstück nach der Behauptung des Beklagten diesem nicht mehr gehörte, daß er es vielmehr mit Verlust verkauft hatte und von seinem Abkäufer, einem Ausländer, nichts erlangen konnte. Als Tag des Vertragsschlusses war der Tag anzusehen, an dem das Angebot gestellt worden war; wenn Angebot und Annahme auseinanderfallen, ist der mutmaßliche Parteiwille nach dem Tage des Angebots zu ermitteln. (IV,

1. Juni 1931.) Amtl. Sammlg. S. 63—68. Vgl. Bd. 112 S. 329; Bd. 119 S. 132; Bd. 120 S. 292; Bd. 121 S. 130, 141, 306, 330; Bd. 122 S. 378; Bd. 123 S. 166; Bd. 124 S. 164; Bd. 125 S. 37, 48; Bd. 126 S. 13; Bd. 128 S. 365; Bd. 129 S. 276; Bd. 130 S. 115, 292.

12. **Küsterlehrerpfründe. Kirchengemeinde. Schulgemeinde. Vermögensauseinandersetzung. Pfründevermögen. Pia causa.** (PrVolksschulUnterhG. § 30, PrVolksschull.-DienstEinkG. § 16; PrGemTeilO. §§ 2, 101, 102, 147; BGB. §§ 87, 88.) In einer Gemeinde, die bis 1920 selbständig war, von da an aber mit der Stadt Berlin verbunden wurde, war das Küster- und Lehreramt seit langer Zeit organisch verbunden. 1886 wurden mehrere Grundstücke als Eigentum der Küsterei und Schule eingetragen. Im Jahre 1925 beantragte die Kirchengemeinde und der Magistrat in Berlin die Auseinandersetzung des Vermögens zwischen Kirchengemeinde und Schulverband. Der Oberpräsident stellte fest, daß die Grundstücke Eigentum der Kirchengemeinde seien. Der Schulverband Berlin erhob Klage, daß bei Trennung der Ämter des Küsters und Lehrers die Grundstücke dem Schulverband zugewiesen und ihm schon jetzt zugeschrieben werden sollten. Das Berufungsgericht stellte fest, daß an einem Grundstück dem Schulverband das Alleineigentum, an den übrigen Grundstücken beiden Parteien das Miteigentum je zur Hälfte zustehe. Die Revision der Kirchengemeinde wurde zurückgewiesen. Die Auseinandersetzung des Vermögens hatte nach privatrechtlichen Grundsätzen zu erfolgen. Das Urteil konnte als Feststellungsurteil ergehen, in dem lediglich das Eigentumsverhältnis klargestellt wurde, oder als Gestaltungsurteil, indem es Rechte neu begründete. Nach § 16 VolksschullDienstEink.-G. ist die organische Verbindung zwischen Kirchenamt und Schulamt zu lösen. Diese Vorschrift hat nur programmatische Bedeutung; eine Auseinandersetzung kann auch stattfinden, ehe diese Verbindung gelöst ist. Es handelte sich um eine Pfründe, der als einer pia causa selbständige Rechtspersönlichkeit zukam; ihre Nutzung gebührte dem jeweiligen Inhaber der vereinigten Ämter. Nach Trennung der Ämter konnte die Pfründe als einheitliches Rechtssubjekt nicht mehr fortbestehen. Da sie den Zwecken der Kirche und der Schule diente, waren beide anfall-

berechtigt, soweit sich nicht privatrechtliches Eigentum der Kirchengemeinde oder der Schulgemeinde nachweisen ließ. Daß eine rechtsfähige Schulgemeinde bestand, ergab sich daraus, daß dies in den Verhandlungen der Regierung stillschweigend anerkannt worden war. Ihr Eigentum an dem einen Grundstück, das dem Schulverband zugewiesen wurde, stützte sich auf einen Rezeß aus dem Jahre 1840, der als Vergleich zu betrachten war. Im übrigen fehlte der Nachweis eines Eigentums. Es entsprach hienach der Sach- und Rechtslage sowie der Billigkeit, jedem Teil die Hälfte des Pfründevermögens zuzuweisen. (IV, 13. Mai 1931.) Amtl. Sammlg. S. 69—76.

Vgl. Bd. 111 S. 53; Bd. 127 S. 251.

13. **Vorkauf.** (BGB. §§ 505, 508.) Drei Grundstücke wurden um einen einheitlichen Preis verkauft. Zwei davon waren zugunsten einer Stadt mit einem Vorkaufsrecht belastet. Die Stadt erklärte, das Vorkaufsrecht nur hinsichtlich eines Grundstücks ausüben zu wollen. Der Verkäufer verlangte, daß es auch auf die beiden anderen Grundstücke ausgedehnt werde, da die drei Grundstücke eine wirtschaftliche Einheit bildeten. Das lehnte die Stadt ab. Darauf erklärte der Käufer seinen Rücktritt vom Vertrag und klagte auf Rückgabe seiner Leistungen. In zwei Rechtszügen wurde die Klage abgewiesen. Das Reichsgericht verwies die Sache zurück. Der Vorkaufverpflichtete ist zu dem Verlangen befugt, daß der Berechtigte das Vorkaufsrecht auch auf Gegenstände ausdehnt, die zwar dem Vorkaufsrecht nicht unterliegen, aber von den übrigen Gegenständen nicht ohne Nachteil für den Verpflichteten getrennt werden können. Der Berechtigte, der das Vorkaufsrecht schon ausgeübt hat, erhält durch dieses Verlangen wieder die volle Freiheit der Entschließung, ob er dem Verlangen nachkommen oder die durch die Ausübung des Vorkaufsrechts erworbenen Rechte mit den Pflichten aufgeben will. Da die Stadt dem Verlangen der Verkäuferin nicht entsprechen wollte, war ihr Vorkaufsrecht für den vorliegenden Fall erledigt. Die Zurückverweisung der Sache erfolgte zum Zwecke der Prüfung, ob aus anderem Grund ein Rücktrittsrecht des Klägers gegeben war. (VI, 21. Mai 1931.)

Amtl. Sammlg. S. 76—81.

Vgl. Bd. 121 S. 137.

14. Gesellschaft mit beschränkter Haftung. Anspruch auf Stammeinlage. Pfändbarkeit. (GmbHG. § 19.) Der Gläubiger einer G. m. b. H. ließ deren Forderung auf Einzahlung der Stammeinlage eines Gesellschafters pfänden und sich überweisen. Das Berufungsgericht wies seine Klage ab. Das Reichsgericht verwies die Sache zurück. Die Pfändbarkeit der Ansprüche einer G. m. b. H. auf Einzahlung ihrer Stammeinlage ist grundsätzlich zu bejahen. Die Zweckbestimmung der Einlageforderung, die Aufbringung des Stammkapitals, steht dem nicht entgegen; doch muß noch eine besondere Voraussetzung erfüllt sein. Die Abtretung von Einlageansprüchen auf Aktien ist nur dann als zulässig anerkannt worden, wenn der Aktiengesellschaft in Form der Gegenleistung des Erwerbers ein vollwertiges Entgelt zufließt. Bei der G. m. b. H. ist die Rechtslage grundsätzlich nicht anders. Das führt folgerichtig dazu, daß auch eine Pfändung und Überweisung zur Einziehung nur dann als rechtsgültig anerkannt werden kann, wenn der Anspruch des Gläubigers gegen die Gesellschaft im Zeitpunkt des Wirksamwerdens der Pfändung gegenüber dem gepfändeten Einzahlungsanspruch vollwertig ist. Fehlt es hieran, so ermangelt auch die Pfändung der Rechtswirksamkeit. Diese Frage war noch nicht geprüft worden. (II, 22. Mai 1931.) Amtl. Sammlg. S. 81—84.

Vgl. Bd. 76 S. 437; Bd. 124 S. 380.

15. Treuhandverhältnis. Abtretung einer Höchstbetragshypothek. (BGB. §§ 667, 1190; KO. § 43.) Eine Bank gewährte im Jahre 1913 einer offenen Handelsgesellschaft, die Grundstücke in Samoa besaß, ein Darlehen von 200000 Mark; diese ließ ihr dafür auf diesen Grundstücken eine Höchstbetragshypothek von 220000 Mark eintragen. Im Anschluß hieran erklärte die Bank, daß die Darlehensforderung und demgemäß auch die Hypothek nicht ihr, sondern einem ihrer Kunden zustehe und daß sie diesem die Hypothek mit allen Rechten abtrete. Es wurde auch die Eintragung der Abtretung bewilligt und beantragt, doch kam es nicht mehr dazu. Über das Vermögen der Bank wurde im Jahre 1928 das Vergleichsverfahren eröffnet. Es kam ein Vergleich zustande wonach das ganze Vermögen einem Treuhänder zur bestmöglichen Verwertung für die Gläubiger und deren Befriedigung nach konkursrechtlichen Grundsätzen überlassen wurde. Um diese Zeit war der Bank als Entschädigung für die auf sie eingetragene Höchstbetragshypothek eine Forderung gegen das Deutsche Reich von rund 55000 *GM* zuerkannt worden; diese wurde auf den Namen des Treuhänders in das Reichsschuldbuch eingetragen. Der Rechtsnachfolger des verstorbenen Kunden klagte gegen die Bank auf Überlassung dieser Forderung. Die Klage wurde abgewiesen. Sie war damit begründet worden, daß die Bank das ihr von dem Kunden übergebene Geld nur als Treuhänderin erhalten habe und darum auch nicht Gläubigerin des Darlehens und der Höchstbetragshypothek geworden sei. Das erklärte das Reichsgericht für unrichtig. Von einem Treuhandverhältnis im Rechtssinn kann nur in den Fällen gesprochen werden, in denen ein Vertragsteil (der Treuhandgeber), einen bisher rechtlich zu seinem Vermögen gehörenden Gegenstand einem anderen (dem Treuhänder) mit der Bestimmung übereignet, daß der Andere das übertragene Recht zwar im eigenen Namen ausüben, es aber nicht zu seinem Vorteil gebrauchen soll. Das Treugut scheidet auf diese Weise zwar rechtlich, nicht aber wirtschaftlich aus dem Vermögen des Treuhandgebers aus. Dagegen ist die Annahme eines Treuhandverhältnisses ausgeschlossen, wenn jemand einen Gegenstand nur für Rechnung eines anderen als stiller Vertreter für diesen von einem Dritten erworben hat und infolge des Vertretungsverhältnisses dem anderen ein schuldrechtlicher Anspruch auf Übereignung des erworbenen Vermögensgegenstandes zusteht. So lag die Sache hier. Der Kunde der Bank hatte zwar die für das Darlehen erforderlichen Geldbeträge hergegeben, aber die Darlehensforderung und die Höchstbetragshypothek waren nicht in seiner Person, sondern in jener der Bank entstanden. Auch die Geldbeträge waren nicht zu treuen Händen gegeben; sie sollten nicht der Bank verbleiben, sondern nach Weisungen ihres Kunden für dessen Rechnung verwendet werden. Sie gingen darum überhaupt nicht in das Eigentum der Bank über, sondern blieben bis zu der beabsichtigten Verwendung Eigentum des Kunden. Daß die Bank bei der Hingabe des Geldes in eigenem Namen handeln wollte, änderte hieran nichts; im Innenverhältnis blieb sie gleichwohl Vertreterin ihres Kunden. Auch die für das Geld erworbenen Werte wurden nicht Treugut der Bank. Sie waren nicht Ersatzstücke des Geldes, sondern mit dem Geld erworbene neue Werte und unterlagen als solche selbständigen Rechtsbeziehungen. Da die offene Handelsgesellschaft nichts von dem Vertretungsverhältnis wußte, entstand die Darlehensforderung und die Hypothekforderung für die Bank, mochte sie auch im Verhältnis zu ihrem Kunden verpflichtet sein, diesem das Erworbene herauszugeben. Auch durch die von der Bank abgegebene Erklärung, daß sie nur für ihren Kunden tätig geworden sei, wurde kein Treuhandverhältnis geschaffen, sondern nur bezeugt, daß die Beteiligten ihr Rechtsverhältnis für ein solches hielten. Die Abtretung der Höchstbetragshypothek war nicht rechtswirksam geworden, weil es nicht zur Eintragung kam. Auch die Darlehensforderung war nicht rechtswirksam abgetreten worden. Es wäre wohl möglich gewesen, sie ohne die Hypothek abzutreten; daß dies aber nicht der Wille der Vertragsteile war, ergab sich daraus, daß auch die Hypothek abgetreten wurde. Dadurch, daß die feindlichen Regierungen das deutsche Grundbuch in Samoa aufhoben und damit die Eintragung der Abtretung unmöglich machten, wurde hieran nichts geändert; es ging insbesondere nicht an, die Abtretung nur in eine solche der Darlehensforderung umzudeuten. (VII, 9. Juni 1931.) Amtl. Sammlg. S. 84—90.

Vgl. Bd. 84 S. 214; Bd. 91 S. 16; Bd. 127 S. 344.

16. **Aktiengesellschaft. Verträge über Ausübung des Stimmrechts. Treu und Glauben. Gute Sitten.** (HGB. §§ 243, 317; BGB. §§ 134, 138, 242.) Eine Stadt erwarb im Jahre 1914 die sämtlichen Aktien einer Gasfabrik, trat aber dann 49% davon wieder an eine Aktiengesellschaft ab. Hiebei verpflichteten sich beide Vertragsteile, dafür einzutreten, daß je die Hälfte der Mitglieder des Aufsichtsrates nach den Vorschlägen der Stadt und der Aktiengesellschaft gewählt würden; den Vorsitzenden des Aufsichtsrats sollte die Stadt, den stellvertretenden Vorsitzenden die Aktiengesellschaft vorschlagen können. Für den Fall der Zuwiderhandlung wurde eine Vertragsstrafe vereinbart. Die Stadt wurde später mit einer anderen Stadt vereinigt. Diese wollte sich nicht an den Vertrag halten und lehnte den von der Aktiengesellschaft gemachten Wahlvorschlag für den Aufsichtsrat ab. Diese klagte auf Zahlung der Vertragsstrafe und auf Feststellung, daß die

Beklagte verpflichtet sei, entsprechend den getroffenen Abmachungen ihre Stimme abzugeben. Das Berufungsgericht gab dem Feststellungsantrag statt. Die Revision der Stadt wurde zurückgewiesen. Vereinbarungen zwischen Aktionären, durch die sie sich gegenseitig verpflichten, bei der Abstimmung über gewisse Gegenstände ihr Stimmrecht in einer bestimmten Weise auszuüben, sind zulässig. Sie erzeugen nur schuldrechtliche Wirkungen; eine im Widerspruch mit ihnen stehende Abstimmung ist gleichwohl gültig. Die Abmachungen dürfen nicht gegen die guten Sitten verstoßen, sich auch nicht mit zwingenden Vorschriften des Aktienrechts in Widerspruch setzen. Beide Bedenken trafen hier nicht zu. Durch die Abmachungen wurde die Wahlfreiheit der Generalversammlung nicht angetastet; auch der einzelne Aktionär blieb in seiner Abstimmung gegenüber der Gesellschaft frei. Er konnte wohl, wenn er dem Stimmvertrag zuwiderhandelte, die Vertragsstrafe verwirken, sich auch schadenersatzpflichtig machen, aber er konnte nicht auf Erfüllung verklagt werden. Solche Verträge stehen ganz besonders unter dem Grundsatz von Treu und Glauben. Daraus folgt, daß die Stimmrechtsbindung für eine bestimmte Wahl entfallen kann, wenn gegen die Person des Vorgeschlagenen triftige Gründe angeführt werden können. Im vorliegenden Fall war die Abmachung getroffen, um jedem der beiden Aktionäre einen entsprechenden Einfluß zu sichern; die Einigung lag auch im Interesse der Gesellschaft selbst. Ein Verstoß gegen die guten Sitten lag also nicht vor. (II, 11. Juni 1931.) Amtl. Sammlg. S. 90—96.
Vgl. Bd. 107 S. 67; Bd. 112 S. 273; Bd. 119 S. 368; Bd. 131 S. 179.

17. **Versicherung. Deckungszusage. Vollmacht. Treu und Glauben.** (BGB. §§ 133, 157; HGB. § 54.) In Schlesien bestand eine Provinzialversicherungsanstalt für Lebens- und Haftpflichtversicherung. Im Jahre 1926 wurde für Oberschlesien und Niederschlesien je eine öffentlich-rechtliche Versicherungsanstalt für Lebens-, Haftpflicht- und Feuerversicherung errichtet; der alten Anstalt blieb nur die Abwicklung der schon abgeschlossenen Versicherungen überlassen. Die beiden neuen Anstalten unterstützten sich gegenseitig in der Weise, daß sie Versicherungsanträge von Personen, die im Bezirk der anderen Anstalt wohn-

ten, sich gegenseitig zuleiteten. Ein Kraftwagenbesitzer in Niederschlesien stellte bei einem Beamten der Oberschlesischen Anstalt einen Antrag auf Versicherung des Wagens. Der Antrag wurde auf einen Vordruck der alten Anstalt geschrieben, dessen Überschrift handschriftlich in den Namen der niederschlesischen Anstalt abgeändert wurde. Eingereicht wurde der Antrag bei einer Bezirksdirektion der oberschlesischen Anstalt; diese gab ihn an die niederschlesische Anstalt weiter. Bei dieser ging er am 15. Juli 1927 ein. Der Versicherungsnehmer hatte gleichzeitig die Erteilung einer vorläufigen Deckungszusage beantragt. Der Vorstand der oberschlesischen Bezirksdirektion, bei der der Antrag eingereicht worden war, erteilte diese Zusage am 18. Juli 1927; hiebei wurde ein Vordruck der oberschlesischen Anstalt ohne Änderung verwendet. Ein Durchschlag der Deckungszusage wurde an die niederschlesische Direktion gesandt und ging bei dieser am 23. Juli 1927 ein. Inzwischen war der Wagen durch einen Brand beschädigt worden. Die Niederschlesische Versicherungsanstalt lehnte die Entschädigung ab. Sie wurde in allen Rechtszügen dazu verurteilt. Sie hatte geduldet, daß der Vorstand der oberschlesischen Bezirksdirektion, obwohl in festem Verhältnis zu der oberschlesischen Versicherungsanstalt stehend, Versicherungsanträge auch für sie entgegennahm. Dadurch war das Publikum, das mit Rücksicht auf das den öffentlich-rechtlichen Versicherungsanstalten entgegengebrachte besondere Vertrauen keinen erheblichen Wert auf die Unterscheidung der beiden Anstalten legte, in den Glauben versetzt worden, er dürfe für sie in demselben Umfang tätig werden wie für die oberschlesische Anstalt. Für diese hatte er Vollmacht zur Erteilung von Deckungszusagen. Nach Lage der Sache mußte auch die beklagte Versicherungsanstalt die von ihm erteilte Deckungszusage gegen sich gelten lassen. Daß eine Haftung des Geschäftsherrn für Handlungen eines Angestellten, die über dessen wirkliche Vollmacht hinausgeht, daraus begründet werden kann, daß sich der Geschäftsherr in einer Weise verhält, die nach Treu und Glauben das Publikum zu der Annahme veranlassen kann, der Angestellte sei zu der Eingehung der Verbindlichkeit ermächtigt, ist in Anlehnung an § 54 HGB. in Rechtslehre und Rechtsprechung allgemein anerkannt. Es war kein Grund ersichtlich, weshalb eine solche

Auffassung nicht auch dann zutreffen sollte, wenn sich jemand, wie hier, bei der Eingehung von Geschäften nicht eigener Angestellter bedient, sondern die Angestellten einer anderen Anstalt oder Firma, welche gleichartige Geschäfte betreibt, für sich arbeiten läßt. Die Benutzung eines Vordrucks der oberschlesischen Anstalt für die Deckungszusage war einem unbeachtlichen Schreibfehler gleichzuachten. (VII, 16. Juni 1931.) Amtl. Sammlg. S. 97—101.

Vgl. Bd. 118 S. 236.

18. **Versicherungsverein auf Gegenseitigkeit. Verschmelzung ohne Liquidation. Gesamtrechtsnachfolge.** (HGB. §§ 303, 306; VersAufsG. §§ 14, 43, 44; GBO. § 79; FGG. § 28.) Zwei Versicherungsvereine auf Gegenseitigkeit, die auf Grund des Versicherungsgesetzes für Angestellte als Ersatzkassen zugelassen waren, schlossen miteinander einen Vertrag, wonach der eine von ihnen das Vermögen des andern unter Ausschluß der Liquidation gegen die Gewährung von Mitgliedsrechten an die derzeitigen Mitglieder übernahm. Das Reichsaufsichtsamt genehmigte den Vertrag. Die Eintragung in das Handelsregister wurde in zwei Rechtszügen abgelehnt mit der Begründung, daß eine Verschmelzung zweier Versicherungsvereine auf Gegenseitigkeit im Wege der Gesamtrechtsnachfolge unzulässig sei. Das Kammergericht wollte der weiteren Beschwerde stattgeben, legte aber die Sache wegen eines anders lautenden Beschlusses des bayerischen Obersten Landesgerichts dem Reichsgericht vor. Dieses erklärte sich für zuständig. Bedenken hatte erregt, daß die bayerische Entscheidung nicht auf eine weitere Beschwerde gegen die Entscheidung eines Registergerichts, sondern auf eine solche gegen die Entscheidung eines Grundbuchamts ergangen war. Das Grundbuchwesen bildet aber zusammen mit den reichsgesetzlichen Angelegenheiten der freiwilligen Gerichtsbarkeit den wesentlichsten Bestandteil der nicht streitigen Zivilrechtspflege und ist in seinem Rechtsmittelverfahren entsprechend den Angelegenheiten der freiwilligen Gerichtsbarkeit ausgestaltet. Die Notwendigkeit der Wahrung einheitlicher Haltung in der Rechtsprechung der Oberlandesgerichte auf dem Gebiete der nichtstreitigen Rechtspflege läßt es zweckwidrig erscheinen, das Verfahren nach der Grundbuchordnung von dem des Gesetzes über die Angelegenheiten der freiwilligen Gerichtsbarkeit

nur um deswillen auszuscheiden, weil beide Verfahren in gesonderten Gesetzen geregelt und die Gerichte nicht reichsgesetzlich zu Grundbuchämtern bestellt sind. Die Beschwerde wurde zurückgewiesen. Die rechtliche Möglichkeit der Verschmelzung zweier Versicherungsvereine auf Gegenseitigkeit an sich kann nach dem geltenden Recht keinem Zweifel unterliegen; das Reichsgesetz über die privaten Versicherungsunternehmungen sieht solche Beschlüsse vor und unterstellt sie der Genehmigung der zuständigen Aufsichtsbehörden. Aus dem Wesen des Versicherungsvereins auf Gegenseitigkeit ergibt sich auch, daß der von seinen Organen mit gesetzlicher Mehrheit gefaßte Beschluß auf Verschmelzung des Vereins mit einem anderen seine Mitglieder bindet, und zwar auch soweit, als sie der Verschmelzung nicht zugestimmt haben. Dieser Beschluß schließt den auf Auflösung des Vereins in sich und hat an sich die Liquidation zur Folge. An der Stelle der Liquidation kann die Überlassung des Vermögens des einen Vereins im Ganzen an den anderen Verein treten. Dinglich ist die Form der Ausführung eines derartigen Abkommens die der Einzelrechtsnachfolge in die verschiedenen Vermögenswerte. In Streit stand, ob auch eine Gesamtrechtsnachfolge zulässig und gesetzlich zu begründen ist. Das Reichsgericht erklärte sie für unzulässig. Eine gesetzliche Vorschrift, die sie ausdrücklich zuläßt, findet sich nicht. Gründe der Zweckmäßigkeit allein vermögen die Anwendung der für das Aktienrecht erlassenen Vorschrift des § 306 HGB. auf die Versicherungsvereine auf Gegenseitigkeit nicht zu rechtfertigen, da dieser Vorschrift kein Rechtsgedanke von einer über das Aktienrecht hinausreichenden Gültigkeit innewohnt und die Rechtsähnlichkeit der Sachlage zur Übertragung dieser Vorschrift auf den Streitfall nicht nötigt. Schon innerhalb des Aktienrechts bedeutet diese Regelung eine Besonderheit, aus der einen Rechtsgedanken von allgemeiner Tragweite abzuleiten als unzulässig erscheinen muß. Die Aktiengesellschaft als reine Vermögens- und Erwerbsgesellschaft, bei der das persönliche Mitgliedschaftsrecht durch die Bedeutung der Aktien verdeckt wird, ist dem rechtsfähigen Verein, insbesondere dem Versicherungsverein auf Gegenseitigkeit, durchaus wesensfremd; dessen Träger bilden einen nicht geschlossenen Kreis von Mitgliedern, die sich ohne Erwerbszweck zu gegenseitiger Versicherung auf gemeinsame Gefahr verbunden haben. Das Vereinsrecht des bürgerlichen Rechts kennt eine Verschmelzung zweier rechtsfähiger Vereine nicht; in das Genossenschaftsgesetz ist sie erst nachträglich eingefügt worden (GenG. §§ 93 a—d). Gerade dieser Umstand beweist, daß der Gesetzgeber eine entsprechende Ausdehnung der für die Aktiengesellschaften geltenden Vorschriften auf die Genossenschaften nicht für angängig gehalten hat. Die Verschmelzung zweier Genossenschaften ist auch gegenüber dem Aktienrecht durchaus selbständig und eigentümlich behandelt und es kann darum nicht die Rede sein, daß diese auf die Genossenschaften zugeschnittenen Vorschriften auf die Versicherungsvereine auf Gegenseitigkeit übertragen werden könnten. (II, 19. Juni 1931.)

Amtl. Sammlg. S. 102—113.

Vgl. Bd. 56 S. 292.

19. **Kauf eines Zeitungsverlags. Wettbewerbsverbot. Dauerleistung. Rücktrittsrecht. Teilerfüllung. Aufwertung. Treu und Glauben.** (BGB. §§ 326, 454). Im Jahre 1921 wurde ein Zeitungsverlag verkauft; der Verkäufer verpflichtete sich, innerhalb eines bestimmten Bezirks keine neue Tageszeitung ins Leben zu rufen noch sich an einer solchen zu beteiligen. Die Übergabe erfolgte am 1. Januar 1922. Der Kaufpreis wurde in entwertetem Geld bezahlt. Der Verkäufer verlangte Aufwertung und trat, als diese abgelehnt wurde, vom Vertrag zurück. Da der Käufer den Verlag weiterverkauft hatte, klagte der Verkäufer auf Wertersatz. In zwei Rechtszügen wurde die Klage abgewiesen. Die Revision des Klägers führte zur Zurückverweisung. Der Vertrag war als Kauf zu behandeln; sein Gegenstand war der Verlag als ein Inbegriff von Sachen und Rechten. Der Verkäufer hatte den Vertrag nicht ganz erfüllt, da das Wettbewerbsverbot immer noch fortbestand. Hätte das Wettbewerbsverbot nur dahin gelautet, daß der Kläger im bezeichneten Gebiet keine Tageszeitung mit verwechslungsfähigem Titel erscheinen lassen dürfe, so hätte gesagt werden können, daß diese Pflicht, auch ohne im Vertrag ausdrücklich ausgesprochen zu sein, bei einer Treu und Glauben entsprechenden Auslegung und Erfüllung des Vertrags sich von selbst ergeben hätte; ohne das wäre die verkaufte Zeitung gar nicht übertragen gewesen. In diesem Fall

hätte der Verkäufer im Fall eines Verzugs des Käufers nicht um deswillen vom Vertrag zurücktreten können, weil die Möglichkeit begrifflich nicht ausgeschlossen gewesen wäre, daß er doch einmal eine verwechslungsfähige Zeitung hätte herausgeben können. Die vereinbarte Verpflichtung ging aber weiter; sie trat als andersartige, neue Verpflichtung zu der Pflicht der Übertragung der Zeitung dazu. Solange diese Verpflichtung bestand, war der Vertrag nicht vollständig erfüllt. Dauerleistungen des Verkäufers, mögen sie auf ein Tun oder Unterlassen gerichtet sein, machen es vor ihrer vertragsmäßigen Beendigung unmöglich, von einer Erfüllung des Vertrags durch den Verkäufer zu reden. Seine Leistungen und die des Käufers standen sich auch nicht gleichmäßig teilbar in der Weise gegenüber, daß § 454 BGB. mit Beschränkung auf den erfüllten Teil anwendbar wäre. Der Rücktritt war daher dem Kläger im Ganzen offen geblieben, wenn dessen Voraussetzungen vorlagen. Das Verhältnis der Leistung Zug um Zug, auf dem § 326 BGB. dem inneren Grunde nach beruht, konnte in Ansehung der Dauerleistung des Klägers durch die Kaufpreisstundung nicht gelöst werden. War die Zahlung in entwertetem Geld nach der heute maßgebenden Rechtsanschauung nur Teilerfüllung, so standen beiderseits noch Leistungen aus und sich gegenüber. Als Ausnahmevorschrift muß § 454 BGB. eng ausgelegt werden. Eine geringfügige Verpflichtung, deren Beachtung neben der Übertragungspflicht nach Treu und Glauben nicht geboten wäre, stellte das Wettbewerbsverbot nicht dar. (II, 19. Juni 1931.)

Amtl. Sammlg. S. 113—117.

Vgl. Bd. 72 S. 294; Bd. 83 S. 179; Bd. 118 S. 100.

20. Feuerversicherung. Wiederaufbauklausel. Obliegenheit. Zwangsverwaltung. (VersVertrG. §§ 6, 97, 101, 192; BGB. § 1127; ZVG. §§ 20, 146, 152; PrG. betr. die öffentlichen Feuerversicherungsanstalten § 25.) Eine Mühle war bei sieben Versicherungsgesellschaften mit 153 8000 *RM* gegen Feuerschaden versichert, und zwar nach Maßgabe der Satzung und der allgemeinen Versicherungsbedingungen der Pommerschen Feuersozietät; diese war führende Gesellschaft. Nachdem die Mühle zum Teil abgebrannt war, wurde der Schaden auf 103 500 *RM* festgesetzt. Der Eigentümer ließ das Gebäude teilweise wiederherstellen und wendete dafür 26800 *RM* auf. Später wurde Zwangsverwaltung eingeleitet und die Mühle versteigert; sie wurde ohne den Anspruch auf die Versicherungsentschädigung der Pommerschen Feuersozietät zugeschlagen. Wegen der Versicherungsentschädigung wurde die Zwangsverwaltung fortgesetzt. Der Zwangsverwalter klagte auf Zahlung der vollen Summe. Ein Hypothekgläubiger trat ihm als Nebenintervenient bei. Das Berufungsgericht sprach nur einen Teil der verlangten Summe zu. Das Reichsgericht verwies die Sache zurück. Der Zwangsverwalter hat alle Ansprüche geltend zu machen, die von der Beschlagnahme erfaßt werden. Die Beschlagnahme ergreift alle Gegenstände, auf die sich bei einem Grundstück die Hypothek erstreckt, und, wenn diese Gegenstände versichert sind und der Versicherungsfall eintritt, die Forderung auf die Versicherungssumme. Diese Forderung betrug 103500 *RM*. Davon waren 26800 *RM* abzusetzen, denn nach § 1127 BGB. haftet die Forderung gegen den Versicherer nicht mehr für die Hypothek, wenn und soweit der versicherte Gegenstand wieder hergestellt ist. Das Berufungsgericht hatte noch ein weiteres Drittel des Restes gestrichen, und zwar auf Grund der in den Versicherungsbedingungen enthaltenen Wiederaufbauklausel. Diese lautete dahin, daß im Schadensfall die Entschädigung nur zum Wiederaufbau gezahlt werde; falls dieser nicht erfolgen könne, sollte der Versicherungsnehmer den Anspruch auf ein Drittel der Entschädigung verlieren. Der Nebenintervenient hatte hiezu ausgeführt, daß diese Klausel gegen § 6 VersVertrG. verstoße. Der Kläger selbst hatte sich hierauf nicht berufen; das Vorbringen war aber zu beachten, da es dem Vorbringen des Klägers nicht widersprach. Die Vorschrift bezieht sich auf den Fall, daß wegen Verletzung einer Obliegenheit, die nach dem Eintritt des Versicherungsfalles dem Versicherer gegenüber zu erfüllen ist, dieser ein Rücktrittsrecht hat oder von der Verpflichtung zur Leistung frei sein soll; sie bestimmt, daß diese Rechtsfolge nicht eintreten soll, wenn die Verletzung weder auf Vorsatz noch auf grober Fahrlässigkeit beruht. Der Nebenintervenient hatte noch weiter darauf hingewiesen, daß eine gegen diese Vorschrift verstoßende Vereinbarung ungültig sei. Reichsgesetzlich trifft das allerdings nur für solche Versicherungsgesellschaften zu, die

Privatunternehmungen sind; die an erster Stelle beklagte Pommersche Feuersozietät gehörte nicht dazu. Für diese war aber im § 25 des Preußischen Gesetzes über die öffentlichen Feuerversicherungsanstalten das Gleiche vorgeschrieben. Hiernach hat der Versicherungsnehmer, wenn der Wiederaufbau unterbleibt, Anspruch auf die volle Entschädigung, wenn er beweist, daß ihm weder Vorsatz noch grobe Fahrlässigkeit zur Last fällt. Unter einer Obliegenheit ist nicht eine erzwingbare, bei Nichterfüllung in eine Schadenersatzpflicht übergehende Verbindlichkeit zu verstehen, sondern nur eine Voraussetzung für die Erhaltung des Anspruchs aus dem Versicherungsvertrag. Eine solche Obliegenheit ist der Wiederaufbau der durch Brand zerstörten Gebäude. Ist die Möglichkeit des Wiederaufbaues weggefallen, ohne daß dem Versicherungsnehmer Vorsatz oder Fahrlässigkeit zur Last fällt, so kann er die Versicherungssumme beanspruchen. Diese Frage war noch nicht geprüft worden. Ergab sich, daß der Versicherungsnehmer den Anspruch auf das allein noch streitige Drittel der Versicherungsforderung erwirkt hatte, so war noch zu prüfen, ob nicht die Verpflichtung gleichwohl gegenüber den Hypothekgläubigern bestehen geblieben war und weiter, ob dieser Anspruch der Beschlagnahme im Zwangsverwaltungsverfahren gegen den Versicherungsnehmer unterlag. (VII, 19. Juni 1931.) Amtl. Sammlg. S. 117—124.

Vgl. Bd. 58 S. 346; Bd. 12 S. 192; Bd. 102 S. 352.

21. **Müllabfuhr. Enteignung.** (RVerf. Art. 153; Pr. ALR. Einl. §§ 74, 75.) Der Miethausbesitzerverein Steglitz schloß im Jahre 1925 für seine Mitglieder mit einem Fuhrunternehmer einen Müllfuhrvertrag bis Ende 1935. Im Jahre 1928 wurde durch Ortsgesetz der Stadt Berlin die städtische Müllabfuhr in Steglitz eingeführt. Der Fuhrunternehmer stellte darauf seinen Betrieb ein. Mehrere Mitglieder des Vereins machten Ansprüche gegen die Stadt Berlin geltend, weil die von ihnen angeschafften Müllkästen nicht mehr verwendbar waren. Sie traten ihre Ansprüche an den Verein ab. Dieser erhob Klage wurde aber in allen Rechtszügen abgewiesen. Eine Enteignung, wie in der Klage behauptet war, lag schon deshalb nicht vor, weil zu deren Wesen ein Einzeleingriff in Rechte bestimmter Personen oder doch eines bestimmten Personenkreises gehört. Das maßgebende Ortsgesetz regelte aber

die Müllbeseitigung in den Verwaltungsbezirken, auf die es sich erstreckte, allgemein; es stellte eine im Interesse der öffentlichen Ordnung und Gesundheit getroffene Regelung dar. In gleicher Weise fanden auch die Vorschriften über die Entschädigung wegen öffentlich-rechtlicher Eingriffe, wie sie in der Einleitung zum Preußischen Landrecht enthalten sind, auf die allgemeine gesetzliche Regelung von Rechten keine Anwendung. (V, 20. Juni 1931.) Amtl. Sammlg. S. 124—126.

Vgl. Bd. 79 S. 64; Bd. 103 S. 423; Bd. 129 S. 146.

22. **Ursächlicher Zusammenhang. Mitverschulden.** (KraftFahrzG. § 9; BGB. §§ 254, 276.) Ein Fußgänger wurde, während er eine Straße überquerte, von einem Kraftwagen überfahren. Seiner Klage auf Entschädigung wurde der Einwand des Mitverschuldens entgegengesetzt. Das Berufungsgericht gab der Klage statt. Es führte aus, der Kläger habe zwar unvorsichtig gehandelt, indem er es unterließ, sich vor dem Überqueren der Straße zu vergewissern, ob sich nicht ein Kraftwagen nähere; der Kraftwagenführer hätte aber den Unfall leicht vermeiden können und somit bestehe zwischen dem Verhalten des Klägers und dem Unfall kein adäquater Kausalzusammenhang. Das Reichsgericht verwies die Sache zurück. Daß zwischen dem Verhalten des Klägers und dem Unfall ein natürlicher ursächlicher Zusammenhang bestand, war nicht zu bestreiten; wäre der Kläger nicht auf die Straße gegangen, so hätte er nicht überfahren werden können. Aber auch ein adäquater Kausalzusammenhang mußte als gegeben angesehen werden. Ein solcher bestand dann, wenn eine Handlung oder Unterlassung im allgemeinen und nicht nur unter besonders eigenartigen, ganz unwahrscheinlichen und nach dem regelmäßigen Verlauf der Dinge außer Betracht zu lassenden Umständen zur Herbeiführung des eingetretenen Erfolgs geeignet gewesen ist. In Anbetracht der heutigen Verkehrsverhältnisse liegt es aber keineswegs jenseits aller Erfahrung, daß in dem Augenblick, in dem ein Fußgänger eine Landstraße überquert, ein Kraftfahrzeug die gleiche Strecke durchfährt. Das Berufungsgericht hatte ja auch eine Unvorsichtigkeit des Klägers angenommen und damit sein Verschulden bejaht. (VI, 22. Juni 1931.) Amtl. Sammlg. S. 126—128.

Vgl. Bd. 66 S. 409; Bd. 69 S. 59; Bd. 72 S. 326;

Bd. 81 S. 360; Bd. 86 S. 436; Bd. 115 S. 155; Bd. 129 S. 131.

23. **Schiedsrichterliches Verfahren. Testamentsvollstrecker. Feststellungsklage.** (BGB. §§ 2221, 2227; ZPO. §§ 256, 1048; FGG. § 12.) In einem Testament bestimmte der Erblasser, daß alle und jede Meinungsverschiedenheit oder Streitigkeit, die aus Anlaß oder infolge seines Nachlasses entstünde, mit Ausschluß des Rechtswegs durch ein Schiedsgericht entschieden werden sollte; die Mitglieder des Schiedsgerichts wurden gleichzeitig bestellt. Außerdem wurde eine Testamentsvollstreckung angeordnet und zwei Testamentsvollstrecker ernannt. Einer der Erben beantragte beim Nachlaßgericht, die Testamentsvollstrecker von ihrem Amte zu entheben. Das Amtsgericht gab dem Antrag statt. Schon vorher hatten mehrere der übrigen Erben Antrag an das Schiedsgericht gestellt, darüber zu entscheiden, ob die Testamentsvollstrecker ihre Schuldigkeit getan hatten. Der eine Erbe, der die Enthebung der Testamentsvollstrecker beantragt hatte, wandte Unzuständigkeit des Schiedsgerichts ein. Dieses entschied darauf durch einen Zwischenschiedsspruch, daß es zuständig sei. Die beiden Testamentsvollstrecker schlossen sich dem Schiedsgerichtsverfahren an und erklärten, daß sie sich dem Schiedsspruch bedingungslos unterwerfen würden. Nun klagte der eine Erbe mit dem Antrag, das schiedsgerichtliche Verfahren für unzulässig zu erklären. Das Landgericht wies die Klage ab, das Berufungsgericht gab ihr statt. Die Revision der Beklagten wurde zurückgewiesen. Die Klage war als Feststellungsklage anzusehen; eine solche kann sowohl vor der Einleitung als während des Schwebens eines schiedsgerichtlichen Verfahrens erhoben werden. Die beiden Testamentsvollstrecker hatten gegen die Klage eingewendet, daß sie nur gegen die Miterben hätte erhoben werden dürfen; das war nicht anzuerkennen, da sie sich dem schiedsgerichtlichen Verfahren angeschlossen und damit in den Rechtskreis des Klägers eingegriffen hatten. Daß die Klage nicht gegen alle Miterben, sondern nur gegen jene gerichtet war, die das Schiedsgericht angerufen hatten, ließ sich nicht beanstanden; sie bezweckte nur die Abwehr des Vorgehens, in dem der Kläger einen Eingriff in seinen Rechtskreis erblickte. Durch den Antrag, den der Kläger an das Nachlaßgericht gestellt hatte, war die-

ses verpflichtet worden, von Amts wegen den Sachverhalt zu prüfen und festzustellen, ob ein wichtiger Grund für die Entlassung der Testamentsvollstrecker vorlag. In diesem Verfahren war kein Raum dafür, daß irgendeine andere Stelle mit bindender Wirkung für die Gerichtsbehörden Beschlüsse fassen konnte; namentlich war einem Schiedsspruch über die vom Nachlaßgericht zu entscheidende Frage jede Bedeutung abzusprechen. Denkbar war eine Verurteilung des Klägers zur Zurücknahme seines Antrags, wie das auch die Beklagten beantragt hatten. Es ist aber als der Wille des Gesetzes anzusehen, daß der Erblasser den Erben in keiner Weise hindern darf, im Fall einer Verletzung der Pflichten des Testamentsvollstreckers dessen Entlassung beim Nachlaßgericht zu beantragen; das stünde im Widerspruch mit der Vorschrift, daß der Erblasser den Testamentsvollstrecker nicht von den ihm obliegenden Verpflichtungen befreien kann. Der Erblasser kann darum auch einem Schiedsgericht, das er zulässigerweise eingesetzt hat, nicht die Befugnis übertragen, darüber zu entscheiden, ob der Erbe das Recht hat, die Entlassung des Testamentsvollstreckers zu beantragen. (VII, 23. Juni 1931.) Amtl. Sammlg. S. 128—136.

24. Armenrecht. Verkehrsanwalt. Amtspflichtverletzung. (ZPO. § 115; RAO. §§ 34—36; EG. z. BGB. Art. 80; PrALR. II 10 §§ 88—91.) Ein Gerichtsassessor, der bei einer Aufwertungsstelle tätig war, bewilligte einem Gläubiger, der an einem entfernten Orte lebte, das Armenrecht und ordnete ihm einen Anwalt an dem Orte der Aufwertungsstelle und einen Verkehrsanwalt an seinem Wohnorte bei. Die Preußische Staatskasse hatte dem Verkehrsanwalt 36 *RM* zu zahlen. Sie nahm den Gerichtsassessor auf Ersatz in Anspruch, da die Beiordnung eines Verkehrsanwalts unzulässig gewesen sei. Das Berufungsgericht gab der Klage statt; das Reichsgericht wies sie ab. Nach dem Preußischen Landrecht, das für die Entscheidung anzuwenden war, haftete der Beklagte für jedes auch noch so geringe Versehen, das er bei gehöriger Aufmerksamkeit und nach den Kenntnissen, die bei der Verwaltung des Amts zu erfordern waren, hätte vermeiden können und müssen. Die Frage, ob einer armen Partei vom Prozeßgericht ein Verkehrsanwalt bestellt werden kann, hat das Reichsgericht schon früher verneint; begründet ist diese Entscheidung damit, daß der beizuordnende Anwalt aus der Zahl der beim Gericht zugelassenen Anwälte genommen werden muß. An dieser Auffassung hielt das Reichsgericht fest. Dagegen entschied es, daß dem Beklagten keine Pflichtverletzung zur Last falle. Eine unrichtige Gesetzesauslegung durch einen Richter stellt nur dann ein Verschulden dar, wenn gegen den klaren, bestimmten und völlig eindeutigen Wortlaut des Gesetzes verstoßen worden ist. Ein Verschulden ist dagegen zu verneinen, wenn eine unrichtige Stellungnahme bei Gesetzesbestimmungen erfolgt, die für die Auslegung Zweifel in sich tragen, Unklarheiten über die Tragweite des Wortlauts enthalten und durch eine höchstrichterliche Rechtsprechung noch nicht klargestellt sind. Die Entscheidung des Reichsgerichts war in die amtliche Sammlung nicht aufgenommen worden; ihre Nichtbeachtung konnte dem Beklagten nicht zum Mitverschulden gerechnet werden, zumal sich auch andere Ansichten gebildet hatten; so hatte insbesondere die Vereinigung der Prozeßrichter von Großberlin in einem Beschluß, der in einer Zeitschrift veröffentlicht wurde, eine andere Auffassung vertreten. Daß er Verfügungen des Preußischen Justizministers, welche die Unrichtigkeit seiner Meinung betonten, nicht beachtet hatte, konnte dem Beklagten nicht zum Vorwurf gemacht werden, da sie gegenüber den dagegen sprechenden Bedenken nicht geeignet waren, eine völlige Klarheit der Rechtslage herbeizuführen. (III, 9. Juni 1931.)

Amtl. Sammlg. S. 137—143.

Vgl. Bd. 59 S. 388; Bd. 75 S. 233; Bd. 85 S. 72; Bd. 92 S. 236; Bd. 107 S. 120.

25. **Ausgemeindung. Straßenbaukosten. Rechtsweg. Vertragsauslegung.** (PrZustG. § 2; PrAG. z. FinAusgl.-G. §§ 4, 20 a.) Beim Ausscheiden einer Stadt aus dem Kreis, dem sie bisher angehörte, wurde ein Vertrag geschlossen, wonach sie zu den Unterhaltungskosten gewisser Straßen einen verhältnismäßigen Beitrag zu leisten hatte. Es entstand Streit darüber, ob auf die Unterhaltungskosten die Einnahme aus der Kraftfahrzeugsteuer, die dem Kreis überlassen worden war, angerechnet werden mußte. Die Klage des Kreises wurde in allen Rechtszügen abgewiesen. In seiner Revision bezweifelte der Kläger die Zu-

lässigkeit des Rechtswegs. Das bedeutete nur eine Anregung, sie von Amts wegen zu prüfen. Das Reichsgericht bejahte sie. Im Falle des Ausscheidens von Städten aus dem Kreisverband hat allerdings der Bezirksausschuß über die Auseinandersetzung zu entscheiden. Die Auseinandersetzung war aber hier schon abgeschlossen; beide Parteien waren in den unteren Rechtszügen darüber einig gewesen, daß der zwischen ihnen geschlossene Vertrag die streitige Frage geregelt habe, wenn sie auch über die Auslegung verschiedener Ansicht waren. Es machte auch nichts aus, daß die Parteien sich auf öffentlich-rechtlichem Gebiet bewegten, als sie über die Auseinandersetzung verhandelten; auch aus öffentlich-rechtlichen Titeln können sich privatrechtliche Ansprüche ergeben. Das trifft immer dann zu, wenn es sich nicht um einen Gegenstand des öffentlichen Interesses, des Gemeinwohls, handelt, sondern um das Rechtsgut einer einzelnen physischen oder juristischen Person. So lag die Sache hier. Der Kläger war zur Unterhaltung seiner Straßen verpflichtet, ob er die verlangten Geldbeträge erhielt oder nicht; die Entscheidung war also für das Gemeinwohl ohne Bedeutung. Anders wäre die Sache gelegen gewesen, wenn die Stadt es übernommen hätte, Straßen des Kreises selbst zu unterhalten. Die Stadt hatte hilfsweise auch geltend gemacht, daß sie schon in früheren Jahren zuviel gezahlt habe; mit dem hierauf gestützten Anspruch aus ungerechtfertigter Bereicherung hatte sie aufgerechnet. Auch hier wurde der Boden des privaten Rechts nicht verlassen; zugrunde lag der Vertrag und seine Auslegung. Die Stadt verlangte auch nicht etwa, daß der Kreis ihr von den ihm überlassenen Beträgen der Kraftfahrzeugsteuer einen Teil überweise; ihr Anspruch ging nur dahin, daß diese Beträge von den Aufwendungen für Straßenbau in Abzug gebracht werden müßten, so daß als Wegunterhaltungskosten, zu denen die Beklagte verhältnismäßig beizutragen hatte, nur der Überschuß der Aufwendungen über diese Einnahmen in Betracht kommen sollte. Dieser Auffassung hatte sich das Berufungsgericht angeschlossen. Das Reichsgericht war an diese Auslegung des Vertrags gebunden, da es sich um keinen typischen Vertrag handelte, der seiner Nachprüfung unterstanden hätte. Ein Rechtsirrtum des Berufungsgerichts war bei der Vertragsauslegung nicht zu erkennen.

Ein solcher lag insbesondere nicht darin, daß das Berufungsgericht auf die Vorverhandlungen der Parteien zurückgegriffen hatte; das entsprach durchaus den geltenden Auslegungsregeln. (VII, 30. Juni 1931.)

Amtl. Sammlg. S. 144—152.

Vgl. Bd. 57 S. 352; Bd. 67 S. 291; Bd. 79 S. 201.

26. **Autobus. Kraftwagenverkehr. Polizeiliche Genehmigung. Eigentum. Unzulässige Einwirkung.** (BGB. §§ 906, 1004; GewO. § 37.) Mit polizeilicher Genehmigung wurde in einem früheren Vorort von Berlin (Dahlem) eine Omnibuslinie eingerichtet. Sie wurde regelmäßig mit einstöckigen, auf Luftreifen laufenden Kraftwagen betrieben; an Sonn- und Feiertagen kamen auch zweigeschossige, auf Vollgummireifen laufende Wagen in Anwendung. Der Eigentümer eines Hauses behauptete, durch diese Wagen würden Erschütterungen verursacht, welche die Standfestigkeit seines Hauses und die Gesundheit der Bewohner gefährdeten; er klagte auf Unterlassung der Verwendung solcher Wagen. In zwei Rechtszügen wurde die Klage abgewiesen. Das Reichsgericht verwies die Sache zurück. Die polizeiliche Genehmigung stand einer Klage auf Unterlassung einzelner Betriebsmaßnahmen nicht entgegen, wenn durch die Unterlassung die Aufrechterhaltung des Betriebs nicht gehindert wurde. Das Berufungsgericht hatte angenommen, daß es sich nur um ortsübliche Einwirkungen handle; ob die Straße, an der das Haus des Klägers stand, besonders schlecht gepflastert sei, komme nicht in Betracht. Das erklärte das Reichsgericht für rechtsirrig. Allerdings sind für die Entscheidung die Bedürfnisse des Verkehrs ausschlaggebend. Ist ein bestimmter Stadtteil zunächst durch besondere Ruhe von anderen unterschieden, so kann er sich deswegen doch nicht dem sich aus seiner Lage in oder in der Nähe einer Großstadt ergebenden Schicksal entziehen, in den allgemeinen Verkehr hineinzuwachsen. Es geht nicht an, daß sich bestimmte Gegenden oder einzelne Straßen, um sich die ursprüngliche Eigenart zu erhalten, als Hindernis in den Verkehr einschieben. Die Bewohner von Dahlem kommen nicht nur als solche, sondern auch als Einwohner von Großberlin in Betracht. Anderseits ist jedoch in der Berücksichtigung solcher Bedürfnisse die Großstadt nicht notwendig als einheitliches Ganzes anzusehen. Der dem öffentlichen Ver-

kehr dienende Betrieb hat, soweit das mit Verkehrszwecken vereinbar ist, auf die Straßenanwohner Rücksicht zu nehmen und auch örtliche Besonderheiten zu beachten. Die starke Beeinträchtigung der an verkehrsreichen Straßen liegenden Häuser durch die von schweren Kraftwagen herrührenden Erschütterungen ist bekannt; die Leiter eines Verkehrsunternehmens müssen darauf bedacht sein, durch die Wahl und die Handhabung der Betriebsmittel diese Schädigungen möglichst herabzumindern. In erster Linie ist es Aufgabe der Verwaltungsbehörden, diese Gesichtspunkte bei der Genehmigung der Verkehrslinien und ihrer Überwachung zu beachten; aber es ist auch dem Straßenanlieger unbenommen, sich gegen eine bestimmte Betriebshandhabung auf Grund seiner bürgerlich-rechtlichen Befugnisse als Eigentümer zu wehren. Mag auch die Stellungnahme der Verwaltungsbehörde, die eine Linienführung und Betriebsart genehmigt hat, den Gerichten ein starkes Beweisanzeichen dafür sein, daß sich die vom Straßenanlieger beanstandete Handhabung in ortsüblichen und verkehrsnotwendigen Grenzen hält, so ist sie doch nicht schlechthin entscheidend. Demgemäß kam es hier darauf an, ob der Betrieb der Linie mit zweistöckigen Wagen ohne Luftbereifung in Ansehung der Gesamtstrecke der streitigen Linie und ihre Bedeutung im Verkehrsnetz ortsüblich war. Zu diesem Zwecke war zu prüfen, ob etwa die von der Linie berührten Stadtteile sämtlich oder überwiegend besonders ruhige und villenartig bebaute Wohnviertel waren und ob in Anbetracht der Verkehrsbedürfnisse eine Schonung der Straßenanwohner durch die Benützung leichterer Wagen möglich und angebracht war. Der Zustand der Straße konnte ein Anzeichen dafür sein, daß sie nicht zur Aufnahme großen Verkehrs bestimmt war; er konnte auch den Verkehrsunternehmer nötigen, sich mit seiner Betriebsart der Straße anzupassen, wenn er nicht die gesetzlichen Grenzen zulässiger Einwirkungen überschreiten wollte. (V, 8. Juli 1931.)

Amtl. Sammlg. S. 152—156.

Vgl. Bd. 44 S. 227; Bd. 59 S. 70; Bd. 62 S. 131; Bd. 73 S. 270; Bd. 105 S. 217.

27. **Staatlich geprüfter Dentist. Unlauterer Wettbewerb.** (UnlWG. § 3; RVO. § 123.) Zahntechniker, welche die auf Grund der Reichsversicherungsordnung in Sachsen

eingerichtete Prüfung mit Erfolg abgelegt hatten, bezeichneten sich als staatlich geprüfte Dentisten. Ein zahnärztlicher Verein klagte auf Unterlassung. Die Klage drang in zwei Rechtszügen durch. Das Reichsgericht wies sie ab. Daß die Bezeichnung Dentist nicht zu beanstanden sei, stand außer Streit; aber auch der Beisatz „staatlich geprüft" enthält keine unwahre Angabe, die geeignet war, den Anschein eines besonders günstigen Angebots hervorzurufen. Maßgebend für die Beurteilung der Frage, wie dieser Beisatz zu verstehen war, konnte nur die Auffassung der für Zahnbehandlung in Betracht kommenden Teile des Publikums sein. Wenn auch die Prüfung nur auf Grund der Reichsversicherungsordnung eingerichtet worden war und nur den Zweck hatte, für die Behandlung von Mitgliedern der Krankenkassen festzustellen, wer als Zahntechniker anzusehen sei, so fehlte es doch nach der Erfahrung des täglichen Lebens an einem ausreichenden Anhaltspunkt dafür, daß die Unterlassung der Angabe von Anlaß und Zweck der Prüfung irreführend im Sinne der Begründung einer Gefahr der Verwechslung mit einem approbierten Zahnarzt wirken sollte. Es wurde dadurch auch nicht der Anschein einer staatlichen Ausbildung erwirkt, die in Wirklichkeit nur der approbierte Zahnarzt durchgemacht hatte. Auch bei einer geringeren Überlegung pflegt sich das Publikum darüber klar zu sein, daß der Wert staatlicher Prüfung nicht in der Feststellung von Fähigkeiten beruht, die gerade nur auf staatlichen Anstalten erworben werden, sondern in der Feststellung schlechthin, daß die zum Bestehen der Prüfung geforderten Fähigkeiten vorhanden sind. Die Prüfung erstreckt sich allerdings nicht auf die Behandlung von Mund- und Kieferkrankheiten und von Zahnregulierungen; dieser Umstand machte aber den Beisatz nicht zu einer unwahren Angabe. Schloß das Bestehen der Prüfung, die, wie jede Prüfung, nicht alle denkbaren Zweige der Ausbildung und künftigen Berufstätigkeit umfassen konnte, jedenfalls die Anerkennung ein, daß den nach der staatlichen Prüfungsordnung an Zahntechniker zu stellenden Durchschnittsanforderungen genügt sei, so ließ sich nicht sagen, daß ein derartiger Befähigungsnachweis hinter den Erwartungen des Publikums zurückblieb. Das Publikum ist gewohnt, solche Dinge mit einer gewissen Überlegung zu betrachten; nach dem Gegenstand der Sache kann der anzulegende Maßstab nicht auf jede Überlegung verzichten. Der normale Patient weiß auch zwischen dem akademisch gebildeten Zahnarzt und dem vorzugsweise technisch geschulten Dentisten sehr wohl einen Gradunterschied zu machen; er wird in schwereren Fällen, vor allem bei Mund- und Kieferkrankheiten, von dem Dentisten nicht die sachgemäße Behandlung und Beseitigung des Übels erwarten. Auf den geringen Teil des Publikums, der etwa an einen geprüften Dentisten über den Umfang des Prüfungsgebietes hinausgehende Anforderungen stellen würde, brauchten die Beklagten bei der von ihnen gewählten Bezeichnung um so weniger Rücksicht zu nehmen, als die Zulassung zur Kassenpraxis eine den Rahmen der Reichsversicherungsordnung überschreitende Behandlung, wenigstens Kassenmitgliedern gegenüber, ohnehin verbieten würde. (II, 19. Juni 1931.) Amtl. Sammlg. S. 156—161.

28. **Eheschließung im Ausland.** (EG. z. BGB. Art. 11, 13.) Vor dem Rabbiner in Eger wurde im Jahre 1910 eine Ehe nach jüdischem Ritus geschlossen. Der Bräutigam war Österreicher, die Staatsangehörigkeit der Braut stand nicht fest; der Bräutigam wohnte in Leipzig. Im Jahre 1920 trennten sich die Eheleute; im Jahre 1922 wurde die Ehe durch ein Urteil des Kreisgerichts Eger wegen unüberwindlicher gegenseitiger Abneigung geschieden. Die Frau erwarb die Staatsangehörigkeit in Deutschland. Im Jahre 1929 klagte sie auf Unterhalt mit der Begründung, daß die Ehe noch bestehe. Das Berufungsgericht entsprach einem auf Feststellung des Bestehens der Ehe gestellten Hilfsantrag. Die Revision des Beklagten blieb erfolglos. Die Vorschrift, daß für die Form eines Rechtsgeschäfts die Beobachtung der Gesetze des Ortes genügt, an dem das Rechtsgeschäft vorgenommen wird, gilt allgemein; es brauchte also nicht geprüft zu werden, ob zur Zeit der Eheschließung das für den Bräutigam oder die Braut geltende Heimatrecht die Ehe als formgerecht geschlossen ansah. Es kam daher darauf an, ob die Eheschließung dem damals in Eger geltenden Recht entsprach. Das traf insoferne nicht zu, als nach dem damals für Eger maßgebenden österreichischen Bürgerlichen Gesetzbuch die Trauung von Juden vor dem Rabbiner der Hauptgemeinde des einen oder anderen Teils vollzogen werden mußte. Zu

den Formen der Ehe gehört nicht nur der formale Trauungsakt, sondern auch die Zuständigkeit des trauenden Geistlichen. Es ging auch nicht an, den Mangel der Zuständigkeit des Geistlichen im österreichischen Recht mit dem unwesentlichen Mangel der örtlichen Zuständigkeit des Standesbeamten nach deutschem Recht (§ 1320 BGB.) gleichzusetzen. Die Wirkung der Formverletzung war aber nach österreichischem Recht zu prüfen. Nach diesem war trotz der Formverletzung die Ehe solange voll wirksam, bis sie für nichtig erklärt wurde. Daran hatte sich auch das deutsche Gericht zu halten. Das Scheidungsurteil konnte nicht in ein Nichtigkeitsurteil umgedeutet werden. (VIII, 22. Juni 1931.) Amtl. Sammlg. S. 161—167. Vgl. Bd. 88 S. 191; Bd. 113 S. 38.

29. **Reederhaftung.** (HGB. §§ 486, 514, 761, 765, 774; ZPO. §§ 864, 870; ZVG. § 171.) Durch das Sinken eines Schiffes ging ein Teil der Ladung verloren. Die Versicherungsgesellschaft, die dafür einzustehen hatte, klagte gegen den Reeder des Schiffes auf Ersatz. Sie stützte die Klage darauf, daß die Ladung unsachgemäß gestaut gewesen sei, daß das Schiff trotz Sturmwarnung ausgelaufen sei, außerdem darauf, daß der Beklagte das Schiff freiwillig an einen Ausländer verkauft habe. In allen Rechtszügen wurde die Klage abgewiesen. Dem Beklagten war kein Vorwurf darauf zu machen, daß er die Verstauung der Ladung dem Schiffer überlassen hatte, zu dessen Obliegenheiten sie ohnehin nach § 517 HGB. gehörte. Es ist regelmäßig nicht Aufgabe des Reeders, den Schiffer über alle möglichen nautischen Dinge zu unterweisen; es genügte, wenn er die Stauung nach Seemannsbrauch dem sorgfältig ausgewählten und bis dahin stets als tüchtig erprobten Schiffer übertrug. Die Sturmwarnung gab keinen Anlaß, das an sich seetüchtige Schiff nicht auslaufen zu lassen. Daß der Beklagte das Schiff an einen auswärtigen Reeder veräußert hatte, konnte eine persönliche Haftung für ihn nicht begründen. Eine solche ist vorgesehen für den Fall, daß ein Schiff nach Geltendmachung der Forderung eines Gläubigers, dem nur Schiff und Ladung haften, zu einer neuen Reise in See geschickt wird. Für eine entsprechende Anwendung dieser Vorschrift war aber kein Raum, da das Schiff im Inland blieb und erst zwei Jahre später gehoben wurde; die Gläubiger, denen Schiff

und Ladung haftete, konnten also trotz des Verkaufs ihre Rechte geltend machen. (I, 24. Juni 1931.)

Amtl. Sammlg. S. 167—170.

30. Verein. Genossenschaft. Förderung der Wirtschaft. Ideeller Zweck. Kegelsport. Gesetzesauslegung. (GenG. § 1; BGB. §§ 21, 22.) Zum Zwecke der Errichtung von Kegelsporthallen wurde eine Genossenschaft gegründet. Das Amtsgericht lehnte die Eintragung ab, weil sie nicht der Förderung des Erwerbs oder der Wirtschaft der Mitglieder mittels gemeinschaftlichen Geschäftsbetriebs dienen sollte. Die Beschwerde wurde verworfen. Der weiteren Beschwerde wollte das Oberlandesgericht Hamburg stattgeben, legte aber wegen einer entgegenstehenden Entscheidung des Kammergerichts die Sache dem Reichsgericht vor. Dieses erkannte die weitere Beschwerde als begründet an. Das Kammergericht war in seiner Entscheidung von der Bundesrats- und Reichstagsvorlage des Bürgerlichen Gesetzbuchs ausgegangen; dort ist zu den §§ 21, 22 BGB. ausgeführt, daß Vereine, deren Zweck nicht auf einen wirtschaftlichen Geschäftsbetrieb gerichtet ist, die Rechtsfähigkeit durch Eintragung in das Vereinsregister erlangen können. Es hatte angenommen, daß unter Wirtschaft eine auf Befriedigung nur materieller Bedürfnisse gerichtete Tätigkeit zu verstehen sei. Das Reichsgericht erklärte hiezu, daß die §§ 21, 22 BGB., wenn auch unter Wirtschaft in ihrem Sinne dasselbe zu verstehen ist wie im § 1 GenG., doch nicht zur Auslegung der letzteren Vorschrift entscheidend herangezogen werden können, da sie erst viel später erlassen worden sind. Daß ein Verein neben der Förderung des Erwerbs oder der Wirtschaft seiner Mitglieder auch einem ideellen Zwecke dient, steht der Wahl der Form einer eingetragenen Genossenschaft nicht entgegen. Durch das Gesetz vom 1. Juli 1922 und 12. Mai 1923 ist den Genossenschaften auch die Beteiligung an gemeinnützigen Bestrebungen gestattet; das ist ein ideeller Zweck, den insbesondere auch Genossenschaften verfolgen. Auch die Förderung des Sports und der Erholung kann gemeinnützig sein. Die Auffassung des Kammergerichts war zu eng. Nach allgemeinem Sprachgebrauch und nach der Volkswirtschaftslehre gibt es auch eine Wirtschaft des Staates, der Gemeinde, der Kirche, der Volksgemeinschaft. Auch Vereinigungen, deren Ziel ideeller Art ist, führen zur Errichtung ihres Zweckes eine Wirtschaft; sie alle bedürfen der materiellen Güter, nicht nur des Geldes, sondern auch der Sachgüter, zur Verfolgung ihrer Bestrebungen. Es ist nicht einzusehen, warum solche Gemeinschaften, soweit sie eigene Rechtspersönlichkeit besitzen, nicht berechtigt sein sollten, sich in Genossenschaften zusammenzuschließen, um sich diese materiellen Güter gemeinsam zu beschaffen und dadurch ihre Wirtschaft zu fördern. Aber auch vom Standpunkt der Einzelperson aus hat die Förderung ideeller Bestrebungen fast immer zugleich eine wirtschaftliche Seite: die Beschaffung von Gegenständen, die zur Befriedigung eines Kulturbedürfnisses dienen, wie die Beschaffung von Büchern, Lehrmitteln, auch der erforderlichen Räume, ist eine wirtschaftliche Tätigkeit. Zielt eine Genossenschaft auf die Verbilligung der Beschaffung solcher Sachgüter ab, so erstrebt sie die Förderung der Wirtschaft ihrer Mitglieder. Dient ein Verein sowohl der Wirtschaft seiner Mitglieder als ideellen Bestrebungen, so kommt es auf den Hauptzweck des Zusammenschlusses an. Ein Verein, dessen Ziel auf ideelle Förderung der Mitglieder gerichtet ist, kann in das Vereinsregister eingetragen werden, auch wenn er nebenbei den Mitgliedern materielle Vorteile bietet; anderseits steht es der Eintragung einer Genossenschaft nicht entgegen, wenn die Vereinigung neben der in erster Linie erstrebten Förderung des Erwerbs oder der Wirtschaft der Mitglieder diesen zugleich Vorteile ideeller Art gewährt. So lag die Sache im gegebenen Fall. Hatte die Genossenschaft die gemeinschaftliche Beschaffung des Raumes für die Ausübung des Kegelsports und dessen Ausstattung mit Sportgeräten, also die Bereitstellung der materiellen Unterlage des Sports, zum Ziele, so unterlag es keinem Zweifel, daß die Gründung in erster Linie die Verbilligung des Sports und die Verringerung der damit verbundenen Ausgaben, also die Förderung der Mitglieder bezweckte. (II, 29. Juni 1931.) Amtl. Sammlg. S. 170—178.

Vgl. Bd. 83 S. 231; Bd. 85 S. 334.

31. **Kraftfahrzeug. Schadenersatz. Kapitalabfindung. Rente. Höchstgrenze.** (KFG. §§ 12, 13; BGB. § 843.) Aus einem durch ein Kraftfahrzeug verursachten Unfall war auf Schadenersatz geklagt worden. Während des Berufungsverfahrens gab der Kläger zu, daß er wieder voll-

ständig hergestellt sei und daß mit einem weiteren künftigen Schaden nicht gerechnet werden müsse. Es fragte sich, ob der Schadenersatz auf den Betrag von 1500 *RM* zu beschränken sei. Das Reichsgericht verneinte die Frage. Der Schadenersatz wegen Erwerbsbeeinträchtigung und Bedürfnisvermehrung ist nur dann durch Entrichtung einer Geldrente zu leisten, wenn sich der Schaden in die Zukunft erstreckt; steht dagegen fest, daß nach der Erlassung des Urteils weitere Schäden nicht mehr eintreten können, so ist für die Zuerkennung einer Rente begrifflich kein Raum. Aus einem wichtigen Grund kann der Verletzte statt der Rente stets Kapitalabfindung verlangen. Die Kapitalabfindung bildet also die Regel. Eine Beschränkung auf den Betrag einer Jahresrente greift nicht Platz. (VI, 29. Juni 1931.)

Amtl. Sammlg. S. 179—184.
Vgl. Bd. 124 S. 179.

32. **Aufwertung. Hypothekarisch gesicherte Forderung. Intervention. Privatrecht. Deutsch-Polnisches Aufwertungsabkommen.** (AufwG. § 9; DPolnAufwAbk. Art. 6, 7, 8, 10.) Für eine Kaufgeldrestforderung war auf einem Grundstück eine Hypothek eingetragen. Der Gläubiger und der Schuldner waren Deutsche und hatten zur Zeit der Begründung des Schuldverhältnisses ihren Wohnsitz in Deutschland; später fiel der Wohnsitz des Schuldners an Polen. Das belastete Grundstück liegt noch in Deutschland. Die Forderung wurde heimbezahlt und die Hypothek gelöscht. Der Gläubiger klagte auf Feststellung, daß der Beklagte als persönlicher Schuldner die Forderung nach deutschem Recht aufzuwerten habe. Nach Verkündung des Berufungsurteils trat das Deutsch-Polnische Aufwertungsabkommen in Kraft. Das Reichsgericht entschied, daß es im Revisionsverfahren beachtet werden müsse; nach § 9 des gleichfalls zum Reichsgesetz erhobenen Schlußprotokolls zu dem Abkommen finden seine allgemeinen Bestimmungen auch auf Vorgänge Anwendung, die in der Vergangenheit liegen und können nur, wenn Rechtsverhältnisse vor dem Inkrafttreten durch gerichtliche Entscheidungen schon ihre Erledigung gefunden haben, weitergehende Ansprüche nicht erhoben werden. Von einer Erledigung durch gerichtliche Entscheidung kann aber erst gesprochen werden, wenn diese Rechtskraft erlangt hat. Nach Art. 7

des Abkommens werden hypothekarisch gesicherte persönliche Forderungen der Aufwertungsgesetzgebung jenes Staates unterstellt, in dem das belastete Grundstück liegt, soferne der persönliche Schuldner zur Zeit der gerichtlichen Geltendmachung der Forderung dort seinen Wohnsitz hat. Als hypothekarisch gesicherte persönliche Forderungen sind auch jene anzusehen, für die zur Zeit der Zahlung noch eine Hypothek eingetragen war; die Bestimmung konnte aber nicht zur Anwendung kommen, weil zur Zeit der Geltendmachung des Aufwertungsverlangens der Schuldner seinen Wohnsitz schon in Polen hatte. Das schloß aber nicht aus, daß gleichwohl deutsches Recht zur Anwendung kam. Nach Art. 10 des Abkommens soll es, soweit das Abkommen keine Bestimmungen über das anzuwendende Recht enthält, bei den maßgebenden Regeln des Internationalen Privatrechts bewenden. Nach diesem war der Streit nach deutschem Recht zu entscheiden, da das Grundstück noch jetzt im Gebiet des Deutschen Reiches liegt und Gläubiger und Schuldner zur Zeit der Begründung der Forderung Deutsche waren. (VI, 29. Juni 1931.)

Amtl. Sammlg. S. 184—187.

Vgl. Bd. 101 S. 143; Bd. 103 S. 261; Bd. 107 S. 46, 123, 373; Bd. 108 S. 243; Bd. 111 S. 321; Bd. 118 S. 346; Bd. 120 S. 279; Bd. 121 S. 344; Bd. 131 S. 260.

33. **Verpfändung fremder Wertpapiere. Beweislast.** (BGB. §§ 932, 1207, 1293; HGB. § 366; DepG. § 8.) Eine Bank eröffnete einem Kaufmann einen Kredit; dieser verpfändete ihr Wertpapiere, die ihm von dem Eigentümer zu diesem Zweck überlassen worden waren. Die Bank verkaufte von den Wertpapieren soviel, als zur Dekkung ihrer Forderungen notwendig war; der Eigentümer bestritt, daß sie hiezu berechtigt war, und klagte auf Herausgabe oder Lieferung der Papiere gegen Zahlung der aus der Kreditgewährung erwachsenen Schulden. Die Bank erhob Widerklage auf Feststellung, daß dem Kläger kein Anspruch gegen sie zustehe. Die Klage wurde abgewiesen, die Widerklage drang durch. Die Bank machte an den Wertpapieren ein Pfandrecht nicht etwa auf Grund ihrer allgemeinen Geschäftsbedingungen geltend, sondern auf Grund des Verpfändungsvertrags, durch den ihr die Wertpapiere übertragen worden waren. Es handelte sich also um ein Pfandrecht in bezug auf die übergebenen Papiere.

Dieses Pfandrecht konnte sie nach den Vorschriften des Bürgerlichen Gesetzbuchs und des Handelsgesetzbuchs erwerben, ohne ihrerseits darlegen und beweisen zu müssen, daß sie bei der Übergabe in gutem Glauben war. Vielmehr war es Sache des Klägers, seinerseits das Fehlen des guten Glaubens darzutun. Das hatte er nicht getan. (I, 4. Juli 1931.) Amtl. Sammlg. S. 187—189.

34. Unlauterer Wettbewerb. Titel einer Zeitungsabteilung. (UnlWG. § 16.) In einer Zeitung, die den Titel „Textil-Zeitung" führte, erschien wöchentlich einmal eine besondere Abteilung unter der Überschrift „Der Kunstseidenkurier". Ein anderer Verlag gab eine Zeitung heraus, der zuerst der Titel „Kunstseidenkurier", dann, nachdem der erste Verlag das beanstandet hatte, der Titel „Deutscher Kunstseidekurier" gegeben wurde. Die Klage auf Unterlassung des weiteren Gebrauchs dieses Titels hatte Erfolg. Die in freier bildlicher Ausdrucksweise gewählte Wortzusammenstellung „Kunstseidekurier" hat den Grad von Neuheit, Eigenart und Kennzeichnungskraft, den eine besondere Bezeichnung im Sinne des § 16 UnlWG. erfordert; durch das Verhalten des Beklagten wurde das nur bestätigt. Die Vorschrift schützt nicht nur den Haupttitel einer Druckschrift, sondern auch Nebentitel und Untertitel. So sind die regelmäßigen Beilagen von Zeitungen oder Zeitschriften, die sich mit bestimmten Gebieten des Wissens oder der Unterhaltung beschäftigen und durch ihre äußere Ausgestaltung eine gewisse Selbständigkeit dem Hauptblatt gegenüber haben, als Druckschriften im Sinne der Vorschrift anzusehen und ihre etwaigen Kopfbezeichnungen genießen den Schutz der Vorschrift, wenn sie kennzeichnungskräftig und zur Kennzeichnung bestimmt sind. Das Gleiche muß gelten, wenn innerhalb einer Zeitung oder Zeitschrift eine besondere, nach ihrer äußeren Aufmachung sowie nach ihrem Gegenstand und Inhalt in gewissem Umfang selbständig gestaltete Abteilung eingerichtet wird, die regelmäßig wiederkehrend unter eigener kennzeichnungskräftiger Kopfbezeichnung erscheint. Das traf hier zu. Ob, was der Beklagte behauptete, die Abteilung nur eine Reklame der J. G. Farbenindustrie war, machte nichts aus. Die Verwechslungsgefahr war vom Berufsgericht einwandfrei bejaht worden. (II, 7. Juli 1931.)
Amtl. Sammlg. S. 189—192.

35. Synagogengemeinden in Preußen. Religionsgemeinschaft. Öffentlich-rechtliche Körperschaft. (RVerf. Art. 137; ArbGerG. §§ 2, 5; PrG. über die Verhältnisse der Juden vom 23. Juli 1847.) Der Gemeindesekretär einer jüdischen Synagogengemeinde im Rheinland, dem seine Stelle gekündigt worden war, klagte auf Feststellung, daß er lebenslänglich angestellter Beamter der Beklagten geworden sei. In zwei Rechtszügen wurde die Klage abgewiesen. Das Reichsgericht verwies die Sache zurück. Die Untergerichte hatten angenommen, daß die Beklagte keine Körperschaft des öffentlichen Rechts sei und daß für die Würdigung des zwischen ihr und dem Kläger abgeschlossenen Vertrags das Arbeitsgericht zuständig sei. Das Reichsgericht legte mit ausführlicher Schilderung der geschichtlichen Entwicklung dar, daß den jüdischen Gemeinden in Altpreußen durch das Gesetz von 1847 die Rechte öffentlich-rechtlicher Körperschaften verliehen wurden. Dieses enthält eine Belehnung der Gemeinden mit staatlichen Herrschaftsrechten und zugleich eine Unterstellung unter eine öffentlich-rechtlich geordnete Staatsaufsicht, Bestimmungen für den Schulunterricht, über die Errichtung öffentlicher Schulen durch die jüdischen Gemeinden, über Einrichtung und Unterhaltung der Begräbnisplätze. Alle diese Aufgaben gehören dem Bereich der öffentlichen Angelegenheiten an. Zu ihrer Durchführung wird den Gemeinden Autonomie verliehen, außerdem das Recht, Steuern und Abgaben zu erheben. Der Staat übt ein weitgehendes Aufsichtsrecht. Schon die Bildung der Synagogenbezirke geschieht durch die Regierung nach Anhörung der Beteiligten. Stellung und Wahl der Organe der Gemeinde sind nach Art des Kommunalrechts gesetzlich geregelt; die Wahlhandlung wird durch die Regierung geleitet. Der öffentlich-rechtlichen Eigenschaft der Synagogengemeinden steht auch nicht entgegen, daß sie nicht zu den durch das Preußische Landrecht ausdrücklich privilegierten Kirchengesellschaften, sondern zu den geduldeten Religionsgesellschaften gehören; damit ist über ihren privatrechtlichen Charakter nichts gesagt. (III, 7. Juli 1931.)

Amtl. Sammlg. S. 192—200.

36. Zwangsversteigerung. Forderungsübertragung. Treuhandverhältnis. Bereicherung. (ZPO. §§ 771, 778; ZVG. §§ 91, 92, 115, 118, 128; BGB. § 812.) Für R.

war auf einem Grundstück des S. eine Briefgrundschuld von 125000 GM eingetragen. Er trat sie an B. ab. Die Umschreibung im Grundbuch unterblieb, da B. nicht als Gläubiger hervortreten wollte. Im Einverständnis mit ihm betrieb R. die Zwangsversteigerung des Grundstücks aus der Grundschuld. Im Versteigerungstermin wurde ihm das Grundstück für 90000 RM zugeschlagen; im Verteilungstermin wurde ihm aus dem Barerlös 81900 RM auf die Grundschuld zugeteilt. Kurz zuvor hatte F. gegen ihn einen Arrest auf 200000 RM erwirkt und seine Ansprüche aus der Grundschuld gepfändet; den Beschluß überreichte F. im Verteilungstermin. R. erklärte, daß er das Bargebot nicht zahlen wolle. Darauf übertrug das Versteigerungsgericht dem R. als Grundschuldgläubiger die mit dem Pfändungspfandrecht des F. belastete Forderung gegen ihn selbst als Ersteigerer auf Zahlung des Bargebots in Höhe von 819000 RM. Ein Widerspruch wurde nicht erhoben. F. pfändete darauf den für R. infolge Nichtzahlung des Bargebots als Sicherungshypothek einzutragenden Betrag und reichte den Beschluß dem Versteigerungsgericht ein. Auf dessen Ersuchen nahm das Grundbuchamt folgende Eintragungen vor: R. wurde als Grundstückeigentümer eingetragen; für R. wurde eine Sicherungshypothek von 81900 RM eingetragen zur Sicherung der infolge Nichtberichtigung des Bargebots ihm übertragenen Forderung gegen ihn selbst; bei dieser Sicherungshypothek wurde für F. ein Pfandrecht eingetragen. R. trat die Sicherungshypothek an B. ab; die Abtretung wurde im Grundbuch eingetragen, außerdem für B. auf Grund einer einstweiligen Verfügung ein Widerspruch gegen das Pfandrecht des F. Auf den Antrag eines Gläubigers, der der Sicherungshypothek im Rang voranging, wurde das Grundstück neuerdings versteigert und D. zugeschlagen. Auf die Sicherungshypothek des B. entfielen aus dem vom Ersteher gezahlten Barerlös 8300 RM. Der Betrag wurde hinterlegt und die Sicherungshypothek gelöscht. B. klagte gegen F. auf Auszahlung des Betrags an ihn. Er wurde in allen Rechtszügen abgewiesen. Die ursprüngliche Grundschuld stand während des ersten Versteigerungsverfahrens entgegen der formellen Grundbuchlage materiell dem Kläger, nicht dem R. zu. Mit dem Zuschlag erlosch die Grundschuld; das materielle Recht des Klägers ergriff nun den Versteigerungserlös. Der Anspruch des S. gegen R. (als Ersteher) auf Berichtigung des Bargebots von 90000 *RM* war also mit dem Recht des Klägers (als Grundschuldgläubiger) auf Befriedigung aus dem von R. zu zahlenden Betrag belastet. Der Kläger verlor aber sein Recht dadurch, daß er sich an dem Versteigerungsverfahren nicht beteiligte und widerspruchslos den Verteilungsplan aufstellen und durchführen ließ. Da R. das Bargebot nicht berichtigte, mußte das Versteigerungsgericht ihn als Eigentümer eintragen, zugleich aber auch Sicherungshypotheken zugunsten der Berechtigten, zu denen als eingetragener Grundschuldgläubiger er selbst gehörte. Die Übertragung der Forderung und die Eintragung der Sicherungshypothek wirkte wie eine Befriedigung des R. als Grundschuldgläubiger aus dem Grundstück; das Recht des B. erlosch damit. Daß die Übertragung der wirklichen Rechtslage nicht entsprach, hinderte den Untergang des Rechts des Klägers nicht. Von der Übertragung an bestand also nur noch die übertragene Forderung und die für sie eingetragene Sicherungshypothek. Beide standen nicht nur formell, sondern auch materiell dem R. zu, da die Forderung ihm übertragen und die Sicherungshypothek für ihn eingetragen worden war. Sein im Zwangsversteigerungsverfahren nicht bekanntes Verhältnis zum Kläger stand dem nicht entgegen; es war nur noch schuldrechtlicher Art. Der Kläger konnte von R. die Abtretung der Forderung und der Sicherungshypothek verlangen; bis zur Durchsetzung dieser Ansprüche blieben aber Forderung und Hypothek wirtschaftlich und rechtlich im Vermögen des R. und unterlagen daher dem Zugriff seiner Gläubiger. F. hatte jedenfalls durch den letzten Pfändungsbeschluß und dessen Eintragung ein wirksames Pfandrecht an dieser Forderung und der Sicherungshypothek erlangt; ob schon der frühere Beschluß ein solches begründete, konnte dahingestellt bleiben. Die schuldrechtlichen Ansprüche des Klägers standen dem Erwerb des Pfandrechts nicht im Wege; sie gaben ihm auch kein Recht, der Pfändung in das Vermögen des R. zu widersprechen. Aus der Ermächtigung des Klägers an R., die Grundschuld in der Zwangsversteigerung auf Grund der formellen Rechtslage geltend zu machen, ließ sich wegen der auf R. übertragenen Forderung und der für ihn begründeten Sicherungshypothek kein Treuhandverhältnis zwischen ihm und dem Kläger herleiten, so daß dem Kläger kein Widerspruchsrecht gegen die Vollstreckungsmaßnahme des Beklagten gegen R. zukam. Aus § 115 ZVG., § 878 ZPO. konnte der Kläger das Pfandrecht des Beklagten nicht angreifen, weil er weder einen Widerspruch gegen den Verteilungsplan im Zwangsversteigerungsverfahren erhoben hatte, noch ein besseres Recht an der gepfändeten Forderung und Hypothek besaß. Erst durch die Abtretung und Umschreibung erlangte er ein Recht daran. Dieses war aber damals schon mit dem Pfandrecht des Beklagten belastet. Der Beklagte war auch nicht auf Kosten des Klägers ohne Rechtsgrund bereichert; er hatte seine Rechtsstellung auf Kosten des R. und mit rechtlichem Grund erlangt. Auf die persönlichen Ansprüche des Klägers brauchte der Beklagte bei seinen Vollstreckungsmaßnahmen nicht Rücksicht zu nehmen; er durfte pfänden, was zum Vermögen seines Schuldners gehörte. (V, 8. Juli 1931.) Amtl. Sammlg. S. 201—206.

37. **Gemeindliche Polizeibeamte. Beschränkte Bestätigung.** (RVerf. Art. 129; PrPolVerwG. § 4; PrKomm.-BeamtG. §§ 9, 10; BGB. § 139.) Der Inhaber eines Zivilversorgungsscheins wurde von einer Stadt probeweise auf sechs Monate als Polizeibetriebsassistent einberufen. Nach Ablauf dieser Zeit wurde die Probedienstzeit um weitere sechs Monate verlängert. Erst jetzt bestätigte der Regierungspräsident diese Maßnahme mit dem Vorbehalt, daß der Minister des Innern eine Befreiung von der Vorschrift zulasse, wonach Kommunalbetriebsassistenten einen anerkannten Ausbildungslehrgang durchgemacht haben müssen. Vor Ablauf der Probezeit war hierüber eine Entscheidung nicht ergangen. Die Stadt verlängerte die Probezeit nochmals um sechs Monate; der Regierungspräsident bestätigte die Verlängerung nur unter Vorbehalt des jederzeitigen Widerrufs. Die Befreiung von dem Nachweis eines Ausbildungslehrgangs wurde abgelehnt; gleichwohl wurde das Dienstverhältnis auch nach Ablauf der Probezeit weiter fortgesetzt. Erst nach mehr als zwei Jahren kündigte die Stadt das Dienstverhältnis; mit Genehmigung des Regierungspräsidenten wurde aber ein Vertrag über aushilfsweise Weiterverwendung in Fortsetzung bisheriger Probedienstzeit auf die Dauer eines

Jahres geschlossen. Nach Ablauf des Jahres wurde der Vertrag nicht mehr verlängert. Die Klage gegen die Stadt wurde abgewiesen. Der Kläger war als Polizeibeamter eingestellt worden; seine Ernennung bedurfte deshalb der Bestätigung durch den Regierungspräsidenten und war solange unwirksam, als diese nicht vorlag. Diese Bestätigung wurde zwar wiederholt ausgesprochen, aber immer nur unter Beschränkungen. Diese Beschränkungen waren nach dem preußischen Kommunalbeamtengesetz zulässig. Die Auffassung des Klägers, bei der Einstellung auf Probe müsse die dienstliche Befähigung so genau geprüft werden, daß es für die endgültige Anstellung keiner Bestätigung mehr bedürfe, war abzulehnen. Die in zulässiger Weise zeitlich begrenzten ersten Bestätigungen verloren also mit dem Ablauf der festgesetzten Zeit ihre Wirkung. Auch die letzte Bestätigung des Regierungspräsidenten war zeitlich beschränkt. Diese Bestätigung stand nicht im Einklang mit den Grundsätzen des Kommunalbeamtengesetzes. Nach diesem schließt sich an die Beendigung der Probezeit, wenn der Beamte nicht entlassen wird, ohne weiteres seine lebenslängliche Anstellung an. Eine der nach dem Gesetz zulässigen Ausnahmen lag nicht vor. Soweit für die Anstellung eine Bestätigung erforderlich ist und erteilt wird, kann sie nur für lebenslängliche Anstellung erteilt werden. Die Verfügung des Regierungspräsidenten widersprach also teilweise dem Gesetz und war insoweit unwirksam. In entsprechender Anwendung der Grundsätze des bürgerlichen Rechts über unwirksame Rechtsgeschäfte war deshalb zu prüfen, ob die Behörde die Bestätigung auch ohne den unwirksamen Teil vorgenommen hätte. Das konnte nicht bejaht werden. Dem Regierungspräsidenten fehlte ersichtlich der Wille, den Kläger als lebenslänglich angestellten Polizeibeamten zu bestätigen. Die beschränkte Bestätigung entbehrte also der Rechtswirksamkeit. (III, 10. Juli 1931.)

Amtl. Sammlg. S. 206—212.

Vgl. Bd. 57 S. 123; Bd. 114 S. 128.

38. **Entschädigung für Untersuchungshaft. Staatenlosigkeit.** (RG. betr. Entschädigung für unschuldig erlittene Untersuchungshaft §§ 1, 12.) Das Schwurgericht hatte auf Freisprechung erkannt und zugleich beschlossen, daß der Angeklagte für die unschuldig erlittene Untersuchungshaft zu entschädigen sei. Die Entschädigung wurde

verweigert, weil der Angeklagte staatenlos war. Seine Klage wurde in allen Rechtszügen abgewiesen. Die Vorschriften des Gesetzes über unschuldig erlittene Untersuchungshaft finden auf Angehörige eines auswärtigen Staates nur insoweit Anwendung, als die Gegenseitigkeit verbürgt ist. Das Gesetz ist ein Ausnahmegesetz; seine Bestimmungen können nicht auf Personen ausgedehnt werden, an die der Gesetzgeber bei Erlassung des Gesetzes nicht gedacht hat. Damals gab es in Deutschland nicht soviele Staatenlose, daß sie der Beachtung bedurft hätten. Die Verhängung der Untersuchungshaft ist keine Willkürmaßregel, sondern eine vom Gesetzgeber anerkannte Notwendigkeit im Interesse der Gesellschaft und darum eine Pflicht des Staates. Es ist auch nicht anzuerkennen, daß ein besonderes Bedürfnis besteht, Staatenlosen die Wohltat des Gesetzes zuzubilligen. Aus Gründen der Billigkeit jedoch kann eine Entschädigung auch dann gewährt werden, wenn die Voraussetzungen des Gesetzes nicht vorliegen. (IX, 11. Juli 1931.) Amtl. Sammlg. S. 212—214.

39. **Urteilsverkündung. Urteilszustellung. Mängelrüge. Rügeverzicht.** (ZPO. §§ 160, 164, 295, 310, 313, 315, 318, 322, 539, 565; EntlVO. § 7.) Nach durchgeführter mündlicher Verhandlung verkündete das Landgericht im vorherigen Einverständnis der Parteien den Gerichtsbeschluß, die Entscheidung werde schriftlich zugestellt werden. Das geschah. Beide Teile legten Berufung ein. Die Berufung des Beklagten wurde zurückgewiesen. Seine Revision hatte den Erfolg, daß sowohl das Urteil des Berufungsgerichts als jenes des Landgerichts aufgehoben und die Sache an das Landgericht zurückverwiesen wurde. Das Urteil des Landgerichts war formgerecht zugestellt worden; somit lag dem äußeren Anschein nach ein fertiges Urteil vor, gegen das Berufung zulässig war. Das Urteil war auf Grund mündlicher Verhandlung ergangen und mußte demgemäß verkündet werden. Eine Zustellung von Amts wegen an Stelle der Verkündung ist nur zulässig, wenn ein Urteil auf Grund eines schriftlichen Verfahrens ergeht. Das Berufungsgericht hatte angenommen, daß auf die Rüge dieser Mängel von vorneherein verzichtet worden sei. Das erklärte das Reichsgericht für unzulässig. Ganz abgesehen davon, daß von vorneherein überhaupt nicht auf die Rüge eines Verfahrensmangels verzichtet wer-

den kann, handelte es sich hier um Formvorschriften, von deren Beobachtung es abhängt, ob das Urteil überhaupt zur rechtlichen Entstehung gelangt. Die rechtswesentlichen Vorschriften dieser Art sind ihrem Wesen nach zwingender Natur; eine Heilung etwaiger Verstöße ist nicht möglich. Bei dieser Sachlage konnte das Berufungsgericht in der Sache nicht erkennen, weil noch gar kein Urteil im Rechtssinne vorlag. Das Urteil des Berufungsgerichts war darum mit dem vorhergegangenen Verfahren aufzuheben, ebenso das Urteil des Landgerichts. (II, 10. Juli 1931.)

Amtl. Sammlg. S. 215—221.

Vgl. Bd. 16 S. 331; Bd. 17 S. 420; Bd. 90 S. 295; Bd. 123 S. 133.

40. Zwangsvollstreckung. Vorteilsausgleichung. (BGB. § 249.) Bei einer Fabrik wurden zwei Maschinen bestellt. Ehe die Annahme der Bestellung erklärt war, schickte der Besteller einen Scheck über 13000 *RM*. Der Mitgeschäftsführer der Fabrik verwertete den Scheck; die Fabrik lehnte aber die Bestellung ab, da sie mit den vom Agenten vereinbarten Zahlungsbedingungen nicht einverstanden war. Der Besteller klagte gegen die Fabrik und gegen den einen Mitgeschäftsführer auf Schadenersatz. Er erwirkte einen Arrest, auf Grund dessen er eine der von ihm bestellten Maschinen pfändete. Die Fabrik fiel in Konkurs; der Konkursverwalter erkannte das Absonderungsrecht des Klägers an und willigte in die Versteigerung der Maschine ein. Der Kläger erwarb sie für 1400 *RM*. Inzwischen war der beklagte Mitgeschäftsführer antragsgemäß verurteilt worden. Seine Berufung wurde mit der Maßgabe zurückgewiesen, daß der Betrag von 1400 *RM* von der Urteilssumme in Abzug gebracht wurde. Das Reichsgericht verwies die Sache zurück. Die Vorschriften über Vorteilsausgleichung waren nicht richtig angewendet worden. Vorteile sind auf den Schaden anzurechnen, wenn ihre Entstehung in adäquatem Zusammenhang auf das schädigende Ereignis zurückzuführen ist. Der erforderliche Zusammenhang ist nicht nur dann gegeben, wenn der Vorteil unmittelbar aus der schädigenden Handlung erwächst; er kann auch dann anerkannt werden, wenn dieser nur mittelbar und im Zusammenwirken mit anderen Ereignissen dazu beigetragen hat, dem Geschädigten einen Nutzen zu verschaffen, soferne nur nach der natürlichen Entwicklung der Dinge mit der Entstehung eines solchen Vorteils zu rechnen und der Zusammenhang nicht so lose ist, daß er nach vernünftiger Lebensauffassung keine Berücksichtigung mehr verdient. Die schädigende Handlung bestand in der widerrechtlichen Verfügung über den Scheck. Aus derselben Handlung ergab sich aber auch der Anspruch auf Schadenersatz, der bei Leuten, die sich in bedrängter Lage befinden und sich daher an fremdem Gut vergreifen, nach dem gewöhnlichen Lauf der Dinge zur Zwangsvollstreckung führt. Erwirbt in dieser der Gläubiger einen Gegenstand zu einem Preis, der keinen Gegenwert für die Herstellungskosten darstellt, so bedeutet das für ihn einen Vorteil, der ihm nicht erwachsen wäre, wenn es nicht zu der unerlaubten Handlung und demnächst zur Zwangsvollstreckung gekommen wäre. Der ursächliche Zusammenhang war damit gegeben. Auch der Entschluß des Gläubigers, das Pfandstück im Laufe der Vollstreckung zu erwerben, stellte sich als Folge der unerlaubten Handlung dar. Bei der Würdigung der Sachlage durfte allerdings nicht außer Betracht bleiben, daß beim Erwerb in der Zwangsvollstreckung die Mängelhaftung wegfällt, daß auch die Maschine nicht vollständig fertig war; anderseits aber auch, daß hier nicht ein Fall vorlag, in dem der Gläubiger, nur um sein Geld zu retten, zu dem sonst unerwünschten Erwerb eines Gegenstands schritt, daß es sich vielmehr um den Erwerb einer Maschine handelte, die der Kläger zu erwerben von vorneherein beabsichtigte. Das Berufungsgericht hätte also prüfen müssen, wie weit ein Vorteil für den Kläger entstanden war. (IX, 21. März 1931.)

Amtl. Sammlg. S. 221—226.

41. **Streupflicht.** (BGB. § 823.) Bei Schneewetter kam eine Frau zu Fall und verletzte sich. Ihre Klage gegen den Eigentümer des Hauses, der zu streuen verpflichtet war, wurde vom Berufungsgericht abgewiesen mit der Begründung, daß mit alsbaldigem neuem Schneefall zu rechnen war, und daß darum vom Streuen eine nachhaltige Wirkung nicht erwartet werden konnte. Das Reichsgericht verwies die Sache zurück. Selbstverständlich sollen die dem Streupflichtigen auferlegten Maßnahmen nicht zwecklos sein; die aufgewendete Arbeit soll in einem vernünftigen Verhältnis zur Erreichung des Zieles stehen: einer nicht unwesentlichen und nicht ganz vorübergehen-

den Herabminderung der den Fußgängern drohenden Gefahr. Dichter Schneefall kann sehr bald alle Streumittel so bedecken, daß sie wirkungslos werden. Handelt es sich um einen solchen Schneefall oder ist nach den Umständen mit einem solchen zu rechnen, so kann kein Vorwurf erhoben werden, wenn nicht sofort gestreut und der Schnee nicht sofort beseitigt wird; der Streupflichtige darf auch nach Aufhören des Schneefalls eine angemessene, nach den Umständen zu beurteilende Frist abwarten, ehe er seine Maßnahmen trifft. Handelt es sich aber um leichte, von längeren Pausen unterbrochene Schneefälle, die nur eine dünne Schneedecke liefern, so entstünde durch das Unterlassen des Streuens viele Stunden hindurch eine schwere Gefahr, die ohne übermäßige Arbeit leicht behoben werden kann. Die Auffassung des Berufungsgerichts, daß noch weiter anhaltende oder drohende Schneefälle unter allen Umständen von der Streupflicht befreien, war also nicht richtig. (IX, 13. Juni 1931.)

Amtl. Sammlg. S. 226—227.

42. **Stempelpflicht. Vormerkung.** (BGB. § 883; Pr.-StempStG. Tarifst. 15, 18.) In einer notariellen Urkunde wurde die Eintragung einer Vormerkung zur Sicherung des Anspruchs einer Bank auf Eintragung einer Darlehenshypothek von 1 215 000 *RM* bewilligt. Für die Urkunde wurde ein Stempel von 3 *RM* verwendet. Das Finanzamt verlangte weitere 1212 *RM* und zog den Betrag ein. Die Klage auf Rückzahlung drang durch. Eine Vormerkung ist dazu bestimmt, den Anspruch auf Einräumung oder Aufhebung eines Rechts an einem Grundstück zu sichern. Der Anspruch der Bank, der sichergestellt werden sollte, ging auf Eintragung der Hypothek. Wäre die Hypothek selbst beurkundet worden, so hätte ein Vertrag aufgenommen werden müssen, durch den sich der Kläger zur Eintragung der Hypothek verpflichtete und die Bank die Verpflichtung annahm. Das wäre ein Vertrag über einen sonstigen vermögensrechtlichen Gegenstand im Sinne der Tarifst. 18 Nr. 2 Abs. 1 gewesen und hätte einen Stempel von 3 *RM* erfordert. Nach Tarifst. 15 Abs. 3 durfte die vorliegende Urkunde nicht höher besteuert werden. Die Annahme der Revision, eine Urkunde über das zu sichernde Recht hätte eine Hypothekbestellung enthalten müssen, war unrichtig. Gesichert werden sollte nur

das Recht auf Eintragung der Hypothek, nicht die Hypothek selbst. (VII, 18. September 1931.)

Amtl. Sammlg. S. 228—229.

Vgl. Bd. 130 S. 232.

43. Stempelpflicht. Prokuraerteilung. (HGB. §§ 10, 15; BGB. § 171; PrStempStG. Tarifst. 73.) Eine offene Handelsgesellschaft reichte beim Amtsgericht eine notariell beglaubigte Erklärung ein, daß sie zwei Handlungsgehilfen Prokura erteilte; zugleich wurde Eintragung in das Handelsregister beantragt. Es wurde auf Grund der Annahme, daß das Geschäftsvermögen der Gesellschaft 1 144 000 *RM* betrage, zweimal eine Stempelabgabe von 2288 *RM* berechnet, aber gemäß Tarifst. 73 Abs. 2 auf den vierten Teil ermäßigt. Die Gesellschaft klagte auf Feststellung, daß sie nicht verpflichtet sei, die Abgabe zu zahlen. Das Berufungsgericht gab der Klage statt. Das Reichsgericht verwies die Sache zurück. Die Stempelpflicht einer Urkunde ist ausschließlich nach ihrem Inhalt zu beurteilen; Umstände, die aus der Urkunde nicht zu ersehen sind, dürfen nur dann berücksichtigt werden, wenn das Gesetz das ausdrücklich zuläßt. Aus der Urkunde war deutlich zu entnehmen, daß den beiden Handlungsgehilfen Prokura erteilt werde. Das Berufungsgericht hatte ausgeführt, daß die Urkunde ihrem Inhalt nach nicht geeignet sei, als Vollmacht zu dienen, da sie höchstens das Bestehen der Prokura zur Zeit der Anmeldung, aber nicht ihr Weiterbestehen beweise. Hiebei war aber unbeachtet gelassen, daß das Registergericht die Eintragung der Prokura in das Handelsregister zu veröffentlichen hatte und daß jeder Dritte die eingetragene und bekanntgemachte Tatsache dieser Prokuraerteilung gegen sich gelten lassen mußte, es sei denn, daß er sie nicht kannte, und auch nicht kennen mußte. Außerdem hat die durch öffentliche Bekanntmachung kundgegebene Bevollmächtigung die Wirkung, daß der Bevollmächtigte jedem Dritten gegenüber zur Vertretung berechtigt ist; diese Vertretungsmacht bleibt bestehen bis die Kundgebung in derselben Weise widerrufen wird, wie sie erfolgt ist. Eine Aushändigung der Vollmachtsurkunde an den Bevollmächtigten oder ein Gebrauchmachen von ihr ist nicht Voraussetzung der Stempelpflicht. Die Urkunde war auch nicht als Vollmachtgeständnisurkunde zu bewerten, da sie keine Erklärung der das Recht habe, die Forderungen einzuziehen, war das gleichfalls zulässig. Daß die Schuldner von der Abtretung der Forderungen nicht benachrichtigt wurden, begründete wohl für die Genossenschaft die Gefahr, daß der Genosse die Forderungen einzog; der Gültigkeit der Abtretung tat es keinen Abbruch. Dem Begriff der Abtretung widersprach es auch nicht, daß die Bank oder die Genossenschaft nicht sofort das Recht haben sollte, die Forderungen einzuziehen; eine zeitliche Beschränkung des Einziehungsrechts steht der Wirksamkeit der Forderungsabtretung nicht entgegen. (II, 7. Juli 1931.)

Amtl. Sammlg. S. 234—244.

Vgl. Bd. 90 S. 273; Bd. 92 S. 106; Bd. 117 S. 72; Bd. 127 S. 337.

45. **Übertragung von Fürsorgeaufgaben. Delegation. Auftrag. Rechtsweg.** (GVG. § 13; RFVO. § 1; PrAVO. z. RFVO. §§ 14, 15.) Ein preußischer Landkreis übertrug die Durchführung eines Teiles der ihm obliegenden Fürsorgeaufgaben einer Stadt. Diese klagte auf Erstattung ihrer Aufwendungen, soweit sie diese nicht nach Maßgabe der preußischen Ausführungsverordnung zur Reichsverordnung über die Fürsorgepflicht selbst zu tragen hatte. Die Frage der Zulässigkeit des Rechtswegs wurde in zwei Rechtszügen bejaht. Das Reichsgericht verneinte sie. Das ganze Gebiet der öffentlichen Fürsorge gehört dem öffentlichen Recht an. Öffentlich-rechtlicher Natur sind insbesondere auch die rechtlichen Beziehungen zwischen den Kreisen und Bezirksfürsorgeverbänden und den kreisangehörigen Gemeinden. Die Annahme des Berufungsgerichts, daß bei Besorgung öffentlich-rechtlicher Geschäfte durch eine Person des öffentlichen Rechts für eine andere solche Person über Erstattungsansprüche im Rechtsweg zu entscheiden sei, beruhte auf Rechtsirrtum. Rechtsstreitigkeiten zwischen Personen des öffentlichen Rechts unterliegen der gerichtlichen Zuständigkeit nur dann, wenn die Klage in Ermangelung einer Regelung der Beziehungen der Beteiligten durch Vorschriften des öffentlichen Rechts auf ein auftragsähnliches Verhältnis oder auf Geschäftsführung ohne Auftrag gestützt wird. In solchen Fällen liegt ungeachtet der öffentlich-rechtlichen Beziehungen ein Rechtsverhältnis zwischen den Streitteilen vor, wie es in gleicher Weise zwischen Privatpersonen bestehen kann,

indem nämlich für die Beurteilung Rechtsgrundsätze des Privatrechts, insbesondere die Vorschriften über auftragslose Geschäftsführung oder über Bereicherung, wenigstens in entsprechender Anwendung maßgebend sind. Um einen solchen Fall handelte es sich aber hier nicht, da die Rechtsbeziehungen der Beteiligten durch § 14 PrAVO. z. RF.-VO., also durch öffentlich-rechtliche Bestimmungen, in maßgebender Weise geregelt sind. Es handelte sich um eine Art von Delegation einer öffentlich-rechtlichen Aufgabe von einer Behörde auf eine andere, die dem öffentlichen Recht eigentümlich ist und eine Beurteilung unter dem privatrechtlichen Gesichtspunkt des Auftrags ausschließt. Auch für eine entsprechende Anwendung der bürgerlich-rechtlichen Vorschriften über den Auftrag war jedenfalls dann kein Raum, wenn der Stadt auf Grund des § 15 die selbständige Verwaltung bestimmter Fürsorgeaufgaben unter eigener Verantwortung übertragen worden war; dann war die Stadt an Weisungen des Kreises im Einzelfall nicht gebunden. Ob die Heranziehung der Vorschriften des bürgerlichen Rechts zur Ergänzung dieser Regelung zulässig und erforderlich war, bedurfte nicht der Erörterung; auch wenn die Frage zu bejahen war, wurde dadurch an der öffentlich-rechtlichen Natur des Erstattungsanspruchs nichts geändert. (IV, 13. Juli 1931.)

Amtl. Sammlg. S. 244—248.

Vgl. Bd. 108 S. 391; Bd. 113 S. 131, 180; Bd. 129 S. 288.

46. **Beamtengehalt. Zahlungsanweisung. Widerruf. Vorauszahlung. Pfändung. Umwandlung. Ungerechtfertigte Bereicherung. Zwang.** (BGB. §§ 123, 134, 183, 185, 362, 394, 400, 812; EG. z. BGB. Art. 81; ZPO. § 850.) Ein Beamter einer Landwirtschaftskammer geriet in Vermögensschwierigkeiten. Die Landwirtschaftskammer gewährte ihm zunächst Gehaltsvorschüsse von insgesamt 3650 *RM*; sodann erwirkte sie ihm bei der landwirtschaftlichen Beamtenbank ein Darlehen von 5000 *RM*. Die Tilgung sollte nach einem bestimmten Plan erfolgen. Der Beamte verpflichtete sich in einer notariellen Urkunde, die Landwirtschaftskammer bis zur Deckung der Schuld unwiderruflich anzuweisen, sein Gehalt bei Fälligkeit auf sein Konto bei der Beamtenbank einzuzahlen; diese sollte das Recht haben, sich aus den eingehenden Beträgen für

die jeweils fälligen Rückzahlungen ohne weiteres zu decken. Nach dem Tilgungsplan sollte die Beamtenbank monatlich 150 *RM* einbehalten und davon 65 *RM* an die Landwirtschaftskammer abführen, 85 *RM* zur Tilgung ihrer eigenen Forderung verwenden. Nachdem er in den Ruhestand versetzt war, stellte er auf Veranlassung der Landwirtschaftskammer eine Erklärung aus, durch die er diese anwies, den jeweiligen Betrag seines Gehalts bei Fälligkeit der Beamtenbank zu überweisen. Diese Erklärung focht er nachher, als in einer Zwangslage gegeben, an, widerrief die Ermächtigung und verlangte die Auszahlung der nicht pfändbaren Teile seines Ruhegehalts. Die Landwirtschaftskammer erkannte den Widerruf nicht an, sondern überwies nach wie vor das ganze Ruhegehalt an die Beamtenbank. Seiner Klage auf Zahlung stellte sie den Einwand der Erfüllung entgegen; widerklagend verlangte sie Feststellung, daß sie auch weiterhin berechtigt sei, das volle Gehalt der Beamtenbank zu überweisen. Im zweiten Rechtszug wurde der Klage teilweise stattgegeben, die Widerklage zurückgewiesen. Das Reichsgericht bestätigte das Urteil des Berufungsgerichts hinsichtlich der Widerklage; hinsichtlich der Klage verwies es die Sache zurück. Hat ein Beamter auf sein Gehalt Vorschuß erhalten, so beruht die Kürzung späterer Bezüge nicht auf einer Gegenforderung der zahlungspflichtigen Stelle, sondern auf der Tatsache der schon erfolgten Zahlung. Eine andere Beurteilung wäre nur gerechtfertigt, wenn eine Umwandlung der Vorschüsse in ein Darlehen erfolgen würde. Darüber hatte das Berufungsgericht keine abschließende Feststellung getroffen. Da die in der Klage geforderten Beträge möglicherweise durch die Vorauszahlungen schon weggefertigt waren, ließ sich die Verurteilung des Beklagten nicht halten. Dagegen war die Abweisung der Widerklage gerechtfertigt. Die vom Kläger abgegebenen Erklärungen, auf denen die Überweisung seines Gehalts an die Bank beruhten, waren unwirksam. Inhalt der Vereinbarung war die Überweisung künftigen Gehalts an die Beamtenbank zur Verfügung darüber nach Maßgabe des Tilgungsplans, unabhängig vom Willen des Klägers und unter Beseitigung seiner Verfügungsmacht über sein Guthaben. Eine solche Abmachung kam in der Wirkung einer Abtretung gleich. Nach preußischem Recht, das durch

Art. 81 EG. z. BGB. aufrechterhalten worden ist, sind Abtretungen noch nicht fälliger Beamtengehälter ungültig; soweit die Gehaltsbezüge der Pfändung nicht unterworfen waren, ergab sich die Ungültigkeit der Abtretung schon aus den §§ 394, 400 BGB., die sich im Gegensatz zu den bei Lohnforderungen geltenden Grundsätzen auch auf rückständige Bezüge erstrecken. Den Vorschriften ist der gesetzgeberische Gedanke zu entnehmen, daß einem Beamten nicht durch im voraus getroffene Verfügungen und eingegangene Verpflichtungen soviel von seinen Bezügen genommen werden darf, daß ihm unmöglich gemacht wird, in Erfüllung seiner öffentlich-rechtlichen Verpflichtung seine ganze Kraft dem Staate oder dem Gemeinwesen zu widmen. Dieser Schutz findet nur darin seine Grenze, daß der Beamte in der Verfügung über tatsächlich erhaltene Beträge in vollem Umfang frei ist und bleibt. Demgemäß ist die von einem Beamten mit einer Bank, auf die seine Bezüge überwiesen werden, getroffene Abrede, daß sie sich mit diesen Bezügen bezahlt machen soll, an sich zulässig, soferne nicht im Einzelfall infolge besonderer Abreden der Charakter als unpfändbare Forderung auch noch nach der Überweisung bestehen bleibt und somit die Einräumung einer nach § 394 BGB. unzulässigen Aufrechnungsbefugnis vorliegt; denn die Überweisung auf die Bank tritt im Regelfall an die Stelle der Barauszahlung an den Beamten. Vereinbarungen, die weitergehen, sind ungesetzlich und unwirksam, auch wenn sie sich anderer Rechtsformen bedienen, aber zu dem gleichen wirtschaftlichen Ergebnis der Vorausschmälerung des unpfändbaren Teils der Beamtenbezüge durch Entziehung der freien Verfügung darüber führen. Eine vom Beamten im voraus erteilte Anweisung oder Ermächtigung, sein Gehalt einer dritten Stelle auszuzahlen, muß demgemäß hinsichtlich des unpfändbaren Teils seines Gehalts stets widerruflich sein, weil er sonst der auszahlenden Stelle und dem dritten Empfänger eine Verfügungsmacht im voraus einräumen würde. Die Überweisung auf ein Bankkonto ist daher für den unpfändbaren Teil nur gültig, wenn die Einwilligung des Beamten noch im Augenblick der Überweisung vorliegt. Ob die Ungültigkeit dieses Teils der Vereinbarung die ganze Vereinbarung nichtig machte, ließ das Reichsgericht dahingestellt, da durch die

Ungültigkeit nur die Entscheidung zur Klage wegen des möglichen Wegfalls der vom Kläger behaupteten Umwandlung (Novation), nicht aber die Entscheidung zur Widerklage berührt worden wäre; außerdem ließ das Reichsgericht die Frage offen, ob sich die Ungültigkeit des Ausschlusses des Widerrufs schon aus den preußischen Sondernormen ergab. Die beklagte Landwirtschaftskammer hatte sich auch darauf berufen, daß ungerechtfertigte Bereicherung vorliege. Diese Rüge war sowohl bei Nichtigkeit lediglich der Unwiderruflichkeitsklausel wie auch bei Nichtigkeit der gesamten Vereinbarung unbegründet. Selbst wenn der Kläger durch die von der Beamtenbank vorgenommene Einbehaltung in deren Höhe von seiner Schuld ihr gegenüber befreit worden wäre, wäre diese Befreiung nicht infolge einer unmittelbaren Vermögensverschiebung zwischen den Parteien geschehen. Lediglich für die Überweisung an die Bank war der Rechtsgrund weggefallen, indem die nicht genehmigte Zahlung an diese nicht zur beabsichtigten Tilgung führte. Die Tilgung durch Gutschrift würde nur infolge dieser selbständigen Handlung der Bank erfolgt sein. Die Beklagte konnte sich also nur an die Beamtenbank halten. (III, 3. Juli 1931.)

Amtl. Sammlg. S. 249—258.

Vgl. Bd. 43 S. 167; Bd. 106 S. 205.

47. **Elterliche Gewalt. Vergleich über ein Grundstück. Vormundschaftsgerichtliche Genehmigung.** (BGB. §§ 1643, 1821 Nr. 1, § 1822 Nr. 12.) In einem Prozeßvergleich verzichteten die minderjährigen Kläger, vertreten durch ihren Vater, auf die Herausgabe eines Grundstücks. Der Vergleich hätte der Genehmigung des Vormundschaftsgerichts bedurft. Allerdings bedarf der gesetzliche Vertreter zu einem Vergleich nicht immer, wie der Vormund, der vormundschaftsgerichtlichen Genehmigung; wenn aber der Vergleich eine Verfügung über ein Grundstück enthält, ist diese Genehmigung immer notwendig. (III, 7. Juli 1931.) Amtl. Sammlg. S. 259—260.

Vgl. Bd. 56 S. 333; Bd. 108 S. 364.

48. **Gebrauchsmuster. Gegenstand.** (GebrMG. § 2.) Wegen Verletzung eines Gebrauchsmusters wurde Klage erhoben. Die Beklagten beriefen sich darauf, daß beim Gebrauchsmuster dem Erfinder nur das geschützt wird, was er bei der Anmeldung ausdrücklich als neu in An-

spruch nimmt. Das wurde nicht anerkannt. Wie beim Patent muß man auch beim Gebrauchsmuster annehmen, daß der Erfinder alles habe anmelden wollen, was er habe anmelden dürfen. Aus dem Inhalt der Anmeldung muß, gegebenenfalls im Wege der Auslegung, zu entnehmen sein, was als neue Raumform angemeldet werden soll. Was nicht in der Anmeldung als neu hervorgehoben ist, kann nicht Gegenstand des Gebrauchsmusters sein. Maßgebend hiefür sind nicht allein die Schutzansprüche, zumal da gesetzlich eine Zusammenfassung der Anmeldung in Schutzansprüche nicht hervorgehoben ist. Mitzuprüfen ist also auch der gesamte übrige Inhalt der Anmeldung samt Zeichnung und Modell. Wo Zweifel ist, ist der Stand der Technik mit heranzuziehen. (I, 16. Sept. 1931.) Amtl. Sammlg. S. 260—263.

Vgl. Bd. 107 S. 100; Bd .120 S. 224.

49. **Befreiter Vorerbe. Hypothekbestellung.** (BGB. §§ 2112, 2113, 2115, 2136; ZPO. § 773.) In dem Testament einer Frau war der Ehemann als befreiter Vorerbe bestellt, die Kinder als Nacherben. Der Vorerbe belastete ein zum Nachlaß gehöriges Grundstück zur Sicherung eines ihm gewährten Kredits mit zwei Höchstbetragshypotheken zugunsten einer Bank. Diese klagte gegen ihn auf Zahlung und gegen ihn sowie die Nacherben auf Duldung der Zwangsvollstreckung aus den Hypotheken. Die Klage drang durch. Die Verfügung über einen Erbschaftsgegenstand, die im Wege der Zwangsvollstrekkung erfolgt, ist allerdings regelmäßig im Falle des Eintritts der Nacherbfolge insoweit unwirksam, als sie das Recht des Nacherben vereiteln oder beeinträchtigen würde; demgemäß soll ein Gegenstand, der zu einer Vorerbschaft gehört, nicht im Wege der Zwangsvollstreckung veräußert werden, wenn die Veräußerung im Falle des Eintritts der Nacherbfolge dem Nacherben gegenüber unwirksam wäre. Der Zweck dieser Vorschrift ist, die Gläubiger des Vorerben daran zu hindern, dessen Erbenstellung zum Nachteil des Nacherben auszunützen. Soweit aber der Vorerbe in rechtlich wirksamer Weise das Grundstück mit dinglichen Lasten belegt hat, ist dieses Recht auch im Falle des Eintritts der Nacherbfolge gegenüber dem Nacherben wirksam und kann darum aus ihm die Vollstreckung in das Grundstück betrieben werden. Die Verfügung des Vor-

erben über ein Grundstück ist im Falle des Eintritts der Nacherbfolge insoweit unwirksam, als sie das Recht des Nacherben vereiteln oder beeinträchtigen würde; für den befreiten Vorerben gilt das aber nicht. In Frage kam nur, ob es sich um eine unentgeltliche Verfügung gehandelt hatte; solche sind auch dem befreiten Vorerben untersagt. Das traf aber nicht zu. (IV, 21. Sept. 1931.)

Amtl. Sammlg. S. 263—267.

Vgl. Bd. 80 S. 32.

50. Vormerkung. Angabe des Schuldgrunds. (BGB. § 885.) Am 3. Februar 1926 verkaufte B. ein Grundstück an R. Am gleichen Tag bewilligte und beantragte er die Eintragung einer Vormerkung zur Erhaltung des Rechts auf Auflassung. Die Vormerkung wurde am 11. Februar 1926 eingetragen. Schon am 1. Februar 1926 war die Zwangsversteigerung des Grundstücks angeordnet worden; der Zwangsversteigerungsvermerk wurde am 12. Februar 1926 eingetragen. Das Grundstück wurde W. zugeschlagen; die Auflassungsvormerkung blieb als Teil des geringsten Gebots bestehen. Am 28. März 1928 erklärte B. gegenüber R. die Auflassung. Da inzwischen W. als Eigentümer eingetragen worden war, klagte R. gegen ihn, daß er der Auflassung zustimme und die Eintragung des R. als Eigentümer genehmige. Das Berufungsgericht wies die Klage ab. Das Reichsgericht gab ihr statt. Das Urteil des Berufungsgerichts war damit begründet worden, daß die Vormerkung mangels hinreichender Bezeichnung des Schuldgrunds nichtig sei; die Bezugnahme auf die Einwilligung könne die Angabe des Schuldgrunds nicht ersetzen. Das erklärte das Reichsgericht für rechtsirrig. Das Gesetz schreibt die Angabe des Schuldgrunds in der Vormerkung nicht vor; er muß also nicht im Grundbuch selbst ersichtlich gemacht werden. Es kommt nur darauf an, ob der Mangel der Angabe die Gefahr der Verwechslung verschiedener Schuldgründe zur Folge hat. Eine solche Gefahr bestand im gegebenen Fall nicht. Demgemäß ging das Recht des Klägers auf Eintragung als Eigentümer dem durch den Zuschlag begründeten Anspruch des Beklagten vor. (VI, 21. September 1931.)

Amtl. Sammlg. S. 267—270.

51. Mittelbare Gesundheitsschädigung. Schadenersatz. Ursächlicher Zusammenhang. (BGB. §§ 823, 831; Kraft-

FahrzG. § 7.) Ein siebenjähriges Kind wurde in Gegenwart seiner Mutter durch einen Kraftwagen überfahren und tödlich verletzt. Dessen Eltern klagten sowohl gegen den Fahrer als gegen den Eigentümer des Wagens auf Schadenersatz, und zwar sowohl wegen der Tötung des Kindes als auch wegen eines Nervenzusammenbruchs, den die Mutter durch den Schrecken erlitten hatte. Das Berufungsgericht stellte, soweit der Schadenersatz wegen Erkrankung der Mutter in Betracht kam, die gesamtschuldnerische Haftung der Beklagten fest, den Klägern den Schaden zu ersetzen, der ihnen durch die infolge des Unfalls eingetretene Gesundheitsschädigung der Mitklägerin entstanden war und noch entstehen würde, insbesondere den durch den Ausfall ihrer Dienste entstandenen und noch entstehenden Schaden, jedoch nicht über das 65. Lebensjahr hinaus. Die Revision der Beklagten hatte zum Teil Erfolg. Es handelte sich nicht um mittelbaren Schaden in dem Sinne, daß die unerlaubte Handlung zwar eine Person nicht selbst traf, aber in ihren Rückwirkungen auf deren Vermögen zu fühlen war. Die Mitklägerin war selbst durch die unerlaubte Handlung in ihrer Gesundheit geschädigt worden und für diese Schädigung wurde Ersatz verlangt. Daß der tödliche Unfall eines Kindes dessen Mutter seelisch heftig erregt, wird als Regel gelten müssen, und daß eine heftige seelische Erregung solcher Art zu einem Nervenzusammenbruch führen kann, der in seinen Wirkungen die Arbeitsfähigkeit beeinträchtigt, ist keinesfalls eine seltene Ausnahme. Damit war der adäquate ursächliche Zusammenhang gegeben. Ein solcher Erfolg war auch voraussehbar. Die Beklagten hatten sich darauf berufen, daß der Fahrer gar nicht wußte, ob der verletzte Knabe noch Eltern habe. Darauf kam es aber nicht an, sondern darauf, ob er damit, mit dem Schrecken der Eltern und den möglichen Schreckwirkungen rechnen mußte. Es war keine Überspannung der Fahrlässigkeit, wenn diese Fragen bejaht wurden. Dagegen war die Haftung des Eigentümers des Fahrzeugs nicht hinlänglich begründet. Daß er den Fahrer zu der Verrichtung bestellt hatte, war nicht erwiesen. Wenn er nur nach dem Kraftfahrzeuggesetz haftete, kam in Frage, ob sich die Gesundheitsschädigung beim Betrieb des Fahrzeugs ereignet hatte. Diese Frage war zu verneinen. Eine Schreckwirkung, die ein

Betriebsunfall bei einem nahen Angehörigen des Verunglückten auslöst, kann nicht als eine beim Betrieb entstandene Gesundheitsschädigung angesehen werden. So hat das Reichsgericht schon entschieden, daß eine Geisteskrankheit, die bei einem Vater infolge des Schreckens über einen Eisenbahnunfall seiner Tochter ausgebrochen war, nicht unter die beim Betrieb einer Eisenbahn entstandenen Gesundheitsschädigungen gerechnet werden könne; der Ausbruch der Geisteskrankheit stand nicht in unmittelbarem Zusammenhang mit einem bestimmten Betriebsvorgang oder einer bestimmten Betriebseinrichtung, war auch nicht auf eine dem Eisenbahnbetrieb eigentümliche Gefahr zurückzuführen, konnte vielmehr durch jeden anderen Unfall und den Schrecken darüber eintreten. Diese Auffassung hat das Reichsgericht ständig festgehalten. (VI, 21. September 1931.) Amtl. Sammlg. S. 270—275. Vgl. Bd. 68 S. 47; Bd. 75 S. 285; Bd. 79 S. 58; Bd. 81 S. 361; Bd. 82 S. 190; Bd. 92 S. 404; Bd. 97 S. 89; Bd. 102 S. 230; Bd. 126 S. 139; Bd. 132 S. 264; Bd. 133 S. 136.

52. **Bereicherungsanspruch. Beweislast. Wucher.** (BGB. §§ 138, 313, 812, 814.) Am 18. Juni 1923 wurde ein Grundstück verkauft und aufgelassen. Daneben wurde noch eine schriftliche Vereinbarung getroffen. Zur Umschreibung kam es nicht, da der Verkäufer eine einstweilige Verfügung erwirkte und dadurch die Eintragung des Käufers im Grundbuch verhinderte. Der Käufer klagte auf Einwilligung in die Umschreibung; der Verkäufer erhob Widerklage mit Zurückforderung der Auflassungserklärung wegen ungerechtfertigter Bereicherung des Klägers. Dieser berief sich darauf, daß der Beklagte bei der Auflassungserklärung die Nichtigkeit des Kaufvertrags gekannt und somit gewußt habe, daß er zu der Leistung nicht verpflichtet sei. Das Berufungsgericht hatte in einer früheren Entscheidung die Widerklage deshalb abgewiesen, weil zur Zeit der Abgabe der Auflassungserklärung das Protokoll über den Kaufvertrag noch nicht abgeschlossen gewesen sei, eine Verbindlichkeit aus dem Kaufvertrag also noch nicht bestanden habe, und der Beklagte das auch erkannt haben müsse. Diese Auffassung hatte das Reichsgericht in einem früheren Urteil für irrig erklärt, weil Kaufvertrag und Auflassung gleichzeitig mit dem Abschluß

der über beide Geschäfte errichteten Urkunde erklärt worden seien, die Auflassung also sehr wohl in der Meinung erteilt worden sein könne, daß damit eine Verpflichtung erfüllt werde. Den ihm obliegenden Gegenbeweis hatte der Widerkläger nicht erbracht. Aus diesem Grund war die Sache zurückverwiesen worden. Das Berufungsgericht war neuerdings zur Abweisung der Widerklage gelangt, aber mit anderer Begründung. Der Kläger hatte behauptet, der Beklagte habe mit der Auflassung bezweckt, die Formnichtigkeit des Kaufvertrags zu heilen; das Berufungsgericht hatte das dahin ausgelegt, daß der Kläger damit bestreite, die Auflassung sei eine zur Erfüllung einer Verbindlichkeit bestimmte Leistung gewesen; der hiernach dem Beklagten obliegende Beweis, daß zum Zwecke der Erfüllung einer Verbindlichkeit geleistet worden sei, sei nicht erbracht worden. Das Reichsgericht trat dieser Auffassung entgegen. Wäre sie richtig, so hätte der Bereicherungsbeklagte (hier der Kläger) ein einfaches Mittel, sich der ihm nach § 814 BGB. obliegenden Beweispflicht zu entledigen; er bräuchte nur seinem Einwand, der Bereicherungskläger habe das Nichtbestehen der Leistungspflicht gekannt, die Behauptung beizufügen, jener habe mit der Leistung einen bestimmten anderen Zweck verfolgt. In Wirklichkeit kann aber der Leistende, der weiß, daß die Leistungspflicht nicht besteht, gar nicht die Absicht haben, diese zu erfüllen; er muß also irgendeinen anderen Zweck mit der Leistung verfolgen. Richtig ist allerdings, daß der Bereicherungskläger beweisen muß, er habe zur Erfüllung einer Verbindlichkeit geleistet und diese Verbindlichkeit bestehe nicht; aber der Beweis, daß er zur Erfüllung einer bestimmten Verbindlichkeit geleistet habe, ist von ihm erbracht, wenn das nach seiner bei der Leistung abgegebenen ausdrücklichen oder aus den Umständen erkennbaren Erklärung anzunehmen war. Im gegebenen Fall hatte der Beklagte unmittelbar im Anschluß an den Kaufvertrag und in derselben Urkunde die Auflassung erklärt; es lag kein Anhaltspunkt dafür vor, daß die Erklärung anders zu verstehen war, als dahin, daß damit die Verkäuferpflicht des Beklagten erfüllt werden sollte. Der Beklagte hatte also keine Beweispflicht. Es war vielmehr Sache des Klägers, Umstände außerhalb der Urkunde darzulegen und zu beweisen, die den Schluß rechtfertigen konnten, entweder die Erklärung des Beklagten sei anders zu verstehen gewesen oder er habe die Nichtigkeit des Kaufvertrags gekannt und die Erklärung nur zum Zwecke seiner Heilung abgegeben. Das Urteil des Berufungsgerichts beruhte also auf einer Verkennung der Beweislast. Das Berufungsgericht hatte das Urteil auch noch darauf gestützt, daß der Beklagte behauptet habe, bewuchert worden zu sein, und daß er demgemäß nicht an die Gültigkeit des Kaufvertrags geglaubt habe. Es lag aber kein Nachweis dafür vor, daß er schon bei der Beurkundung des Vertrags diesen als wucherisch ansah. Daß der Beklagte sich zu jener Zeit in einer Notlage befand, machte den Vertrag noch nicht wucherisch; es mußte auch ein auffälliges Mißverhältnis zwischen Leistung und Gegenleistung hinzukommen. Wenn er später, nach der Währungsbefestigung, den geringen inneren Wert des Kaufpreises erkannte und nun zu der Meinung kam, bewuchert worden zu sein, bewies das nicht, daß er den Kaufvertrag schon zur Zeit des Abschlusses als wucherisch und nichtig angesehen hatte. Die Sache wurde neuerdings zurückverwiesen. (VI, 21. September 1931.)

Amtl. Sammlg. S. 275—278.

53. **Parzellenverwechslung. Grundbuchberichtigung.** (GBO. §§. 29, 40, 71, 78, 79.) Von einem Grundstück wurden zwei Teilflächen an zwei Personen verkauft. Die Stücke waren schon vermessen, aber noch nicht katastermäßig bezeichnet. Bei der Auflassung wurden die beiden Grundstücke verwechselt; demgemäß wurden die Umschreibungen unrichtig vollzogen. Unter Darlegung des Sachverhalts bewilligten und beantragten alle Beteiligten die Berichtigung des Grundbuchs dahin, daß die entsprechenden Auswechslungen vorgenommen würden. Das Grundbuchamt lehnte das ab. Die Beschwerde wurde verworfen. Das Kammergericht wollte die weitere Beschwerde ebenfalls verwerfen, legte aber wegen einer entgegenstehenden Entscheidung des Bayerischen Obersten Landesgerichts die Sache dem Reichsgericht vor. Dieses schloß sich der Auffassung des Kammergerichts an. Die weitere Beschwerde richtete sich nicht gegen die Eintragungen im Grundbuch, sondern gegen die Zurückweisung der Berichtigungsanträge; sie war also zulässig. Bei Willensübereinstimmung aller Beteiligten über aufgelassene Grundstücks-

flächen macht deren irrtümliche Falschbezeichnung in den Auflassungserklärungen diese Erklärungen nicht unwirksam. Auf Grund der Auflassungen in Verbindung mit einer dem § 29 GBO. entsprechenden, die falsche Bezeichnung richtigstellenden Nachtragserklärung aller Beteiligten können also die Eintragungen der Erwerber auf der richtigen Fläche vorgenommen werden. Die zunächst bewirkten Eintragungen genügen zur Vollendung des Eigentumsübergangs nicht, vielmehr sind Neueintragungen notwendig. Insoweit gingen die Auffassungen des Kammergerichts und des Bayerischen Obersten Landesgerichts einig. Streit bestand darüber, wie die Neueintragungen herbeizuführen sind. Das Bayerische Oberste Landesgericht nahm an, daß unter Beseitigung der bisherigen Eintragungen die Richtigstellung erfolgen könne. Das Kammergericht dagegen erklärte es für notwendig, daß die Grundbücher zunächst auf den Veräußerer als Eigentümer berichtigt werden müßten; erst dann könnte das Eigentum an den richtigen Flächen auf die Erwerber umgeschrieben werden. Das Reichsgericht erkannte an, daß die Ansicht des Bayerischen Obersten Landesgerichts auf kurzem und einfachem Weg sogleich zum Endziel führe, hielt sie aber mit dem Gesetz nicht für vereinbar. Da die Eintragungen nicht dem Willen der Beteiligten entsprachen, war das Eigentum beim Veräußerer zurückgeblieben; durch die Neueintragungen mußte es erst auf die Erwerber übertragen werden. Es handelte sich also um rechtsändernde, nicht um berichtigende Eintragungen. Die Eintragungen der Erwerber auf den richtigen Grundbuchblättern waren also abhängig von der vorangehenden, im Grundbuch nicht mehr vorhandenen Eintragung des Veräußerers als Eigentümer. Diese Eintragung erfolgt im Wege der Grundbuchberichtigung, kann aber nicht unterbleiben, ohne daß § 40 GBO. verletzt würde. Wenn es sich dabei auch nur um die Beachtung einer Ordnungsvorschrift handelt, dürfen doch das Grundbuchamt und die Beschwerdegerichte nicht zu ihrer Verletzung die Hand bieten. Die Vorschrift dient dazu, den Rechtsstand des Grundbuchs und seiner Änderungen nicht nur im Endziel richtig, sondern in allen Entwicklungsstufen klar und verständlich wiederzugeben; dazu gehört aber nicht zuletzt auch die Vollständigkeit der Eintragungen, die gerade bei verwickelten Verhältnissen erwünscht ist und durch das Gesetz gewährleistet werden soll. (V, 24. September 1931.) Amtl. Sammlg. S. 279—283.

Vgl. RDLG. Bd. 40 S. 260.

54. **Grundbuchberichtigung. Bucheigentümer. Bereicherung.** (BGB. §§ 101, 818, 894, 987, 989, 990, 993.) Im Januar 1922 wurde ein Landgut veräußert. Der Kaufpreis wurde in der Urkunde nicht richtig angegeben. Der Kauf wurde, wie beurkundet, behördlich genehmigt; der Käufer wurde als Eigentümer eingetragen. Mit Berufung auf die mangelnde Genehmigung des wirklich abgeschlossenen Vertrags klagte der Verkäufer auf Grundbuchberichtigung und Herausgabe des Grundstücks. Die Klage drang durch; das Urteil wurde rechtskräftig. Im Rechtsstreit hatte der Beklagte ein Zurückbehaltungsrecht geltend gemacht. Zu dessen Abwendung hatte der Kläger 50000 RM hinterlegt. In dem neuen Rechtsstreit klagte er auf Einwilligung des Beklagten in die Herausgabe der Summe. In der Höhe von 30000 RM wurde der Streit durch Vergleich erledigt. Das Berufungsgericht erkannte den Anspruch des Beklagten in der Höhe von 7366 RM nebst Zinsen an. Auf die Revision des Klägers wurde diese Summe um 1000 RM herabgesetzt; im übrigen wurde die Revision verworfen. Das Landgut war schon zur Zeit des Kaufabschlusses verpachtet gewesen. Die Untergerichte hatten angenommen, daß der Beklagte verpflichtet gewesen sei, jene Pachtzinsen zu erstatten, die er nach dem Eintritt der Rechtshängigkeit eingenommen hatte. Diese war am 14. März 1928 eingetreten; am 15. März war eine Pachtzinsrate fällig geworden. Das Berufungsgericht hatte berücksichtigt, daß diese Pachtzinsrate so gut wie ganz auf die Zeit vor der Rechtshängigkeit entfiel und hatte dem Beklagten auf Grund des § 993 Abs. 2 BGB. einen Teil dieses Betrags zugesprochen. Es war davon ausgegangen, daß der Beklagte, wenn er auch zufolge der Unwirksamkeit seines Erwerbs nicht in das Pachtverhältnis eingetreten sei, dennoch mittelbarer Besitzer geworden und darum zur Herausgabe von Nutzungen nur nach den §§ 987, 993 BGB., nicht nach Bereicherungsgrundsätzen verpflichtet sei; im Vorprozeß sei auch nur eine Eigentumsklage, nicht eine Bereicherungsklage erhoben worden. Das Reichsgericht ging auf die Streit-

frage nicht ein, ob für die Begründung des mittelbaren Besitzes ein wirklich bestehendes Rechtsverhältnis der im § 868 BGB. bezeichneten Art erforderlich ist oder ob ein vermeintliches Rechtsverhältnis dieser Art genügt. Der Beklagte war Bucheigentümer und die Stellung des Bucheigentümers gegenüber der Grundbuchberichtigungsklage ist der Stellung des Besitzers gegenüber dem Herausgabeanspruch des Eigentümers so wesensverwandt, daß darauf nicht nur die §§ 989, 990 BGB., sondern auch die §§ 987, 993 BGB. entsprechend anzuwenden sind. Die Möglichkeit, statt der Eigentumsklage die Bereicherungsklage zu erheben, konnte außer Betracht bleiben. Hypothekzinsen, die der Beklagte nach der Rechtshängigkeit bezahlt hatte, waren zutreffend als Lasten des Grundstücks behandelt worden; der Kläger hatte sie ihm nach den Vorschriften über die Geschäftsführung ohne Auftrag zu erstatten. Der Kläger hatte sich mit dem vom Beklagten gezahlten Kaufpreis Gesellschaftsanteile gekauft und daraus eine Zeit lang Gewinn gezogen, den er zu seinem Unterhalt verwendete. Das Berufungsgericht hatte den Betrag auf 1000 *RM* angeschlagen und angenommen, der Kläger müsse dem Beklagten diese Bereicherung erstatten. Dabei war aber übersehen, daß es sich insoweit nicht um Nutzungen aus dem Gegenstand handelte, den der Kläger auf Kosten des Beklagten erlangt hatte. Dieser Gegenstand war das gezahlte Geld. Der Kläger hatte es veräußert und war verpflichtet, den auf 36500 *RM* berechneten Wert der empfangenen Bezahlung zu ersetzen. Dagegen erstreckt sich die Herausgabepflicht nicht auf den Gewinn, den er aus dem mit dem Geld rechtsgeschäftlich erworbenen Recht gezogen hatte. (VI, 21. September 1931.)

Amtl. Sammlg. S. 284—287.

Vgl. Bd. 121 S. 336; Bd. 129 S. 307.

55. **Revisionssumme. Streitwert.** (ZPO. §§ 3, 4, 6, 546.) Auf Herausgabe von Sachen und Zahlung von 4500 *RM* Schadenersatz wurde Klage erhoben. Der Beklagte machte ein Zurückbehaltungsrecht wegen Aufwendungen in der Höhe von 1297 *RM* geltend. Das Landgericht verurteilte den Beklagten zur Herausgabe der Sachen Zug um Zug gegen Zahlung von 1297 *RM*; im übrigen wies es die Klage ab. Die Kosten wurden zu $^6/_{10}$ dem Kläger, zu $^4/_{10}$ dem Beklagten auferlegt. Der

Kläger legte Berufung ein; der Beklagte schloß sich ihm hinsichtlich der Kosten an. Das Berufungsgericht gab der Klage vollkommen statt und erklärte die Anschlußberufung des Beklagten für erledigt. Die Revision des Beklagten wurde zurückgewiesen. Da der Beklagte mit der Revision beantragte, daß nach seinen vor dem Berufungsgericht gestellten Anträgen erkannt werde, sank die Kostenfrage der Anschlußpfändung wieder zu einer Nebenforderung herab und konnte also auf den Streitwert keinen Einfluß ausüben. In der Hauptsache war aber der Streit der Parteien der gleiche wie in der Berufungsinstanz. Bei der Klage auf Herausgabe von Sachen stellt der Wert der Sachen den Streitwert dar, ohne Rücksicht auf Gegenforderungen, aus denen ein Zurückbehaltungsrecht hergeleitet wird. Darauf konnte es aber nicht mehr ankommen, nachdem der Beklagte sich bei der Verurteilung zur Herausgabe Zug um Zug gegen Zahlung von 1297 *RM* beruhigt hatte und die Parteien neben dem Schadenersatz in der Höhe von 4500 *RM* nur noch darum stritten, ob der Kläger die Herausgabe der Sachen nur Zug um Zug gegen Zahlung von 1297 *RM* verlangen konnte, wie das Landgericht angenommen hatte, oder ob seine Verpflichtung zu dieser Zahlung wegfiel, wie vom Berufungsgericht entschieden worden war. Da der Streitwert aus der Person des Revisionsklägers zu beurteilen war und der Beklagte als Revisionskläger hinsichtlich der Herausgabe der Sachen nur die Wiederherstellung des Urteils des Landgerichts mit der Zahlungspflicht des Klägers begehrte, ging der Streit der Parteien insoweit nur noch darum, ob der Kläger 1927 *RM* zu zahlen hatte. Kamen hiezu noch die 4500 *RM* des Schadenersatzanspruchs, so war die Revisionssumme nicht erreicht. (I, 26. September 1931.) Amtl. Sammlg. S. 288—290.

56. Anfechtung. Mittelbare Zuwendung. (AnfG. §§ 3, 7.) Eine Frau erwarb am 19. September 1919 ein Grundstück. Die Umschreibung erfolgte im November 1919. Eine uneheliche Tochter des Mannes der Frau erhob Ende 1919 gegen diesen Klage auf Zahlung einer Unterhaltsrente und erlangte schließlich im Jahre 1925 seine Verurteilung; das Urteil wurde rechtskräftig. Nun focht sie den Grundstückserwerb mit der Begründung an, die Beklagte habe das Grundstück mit Mitteln ihres Mannes erworben und sei nur der Form halber an dessen Stelle als Eigentümerin eingetragen worden; die Klage war auf Duldung der Zwangsvollstreckung in das Grundstück gerichtet. Das Berufungsgericht wies die Klage ab. Das Reichsgericht verwies die Sache zurück. Daß der Ehemann der Beklagten dieser die Mittel für den Erwerb des Grundstücks zur Verfügung gestellt und den bar zu zahlenden Teil des Kaufpreises selbst unmittelbar an den Verkäufer gezahlt hatte, stand fest. Gleichwohl hatte das Berufungsgericht die Berechtigung des geltend gemachten Anspruchs verneint, da die Beklagte das Grundstück nicht aus dem Vermögen ihres Mannes erworben habe. Der Anfechtung unterliegen aber auch Rechtshandlungen des Schuldners, durch die er gegen Aufwendung von Bestandteilen seines Vermögens das Entgelt dafür in das Vermögen eines Dritten fließen läßt, ohne daß er äußerlich mit diesem in unmittelbare Rechtsbeziehungen tritt. Wirtschaftlich wird in einem solchen Fall das Vermögen des Schuldners zugunsten des Dritten vermindert und das gesamte Rechtsverhältnis ist dann wegen der Anfechtbarkeit so anzusehen, als ob der Dritte unmittelbar vom Schuldner erworben hätte. Wirtschaftlich können aber dem Dritten aus dem Vermögen des Schuldners mit Hilfe einer Mittelsperson auch dann Werte zugeführt werden, wenn der Schuldner zuvor keinen Anspruch auf das dem Dritten Zugewandte hatte. So lag der Fall hier auf Grund der Bezahlung, die der Ehemann der Beklagten geleistet hatte. Auf dieser Grundlage war aber das ganze Rechtsverhältnis zwischen den drei Beteiligten wegen der Anfechtung so anzusehen, als hätte der Verkäufer das Grundstück an den Ehemann der Beklagten und dieser es weiter an die Beklagte veräußert. Dann konnte der Anspruch der Klägerin auf Duldung der Zwangsvollstreckung in das Grundstück wegen ihrer rechtskräftig festgestellten Unterhaltsansprüche wohl begründet sein. Die Beklagte hatte ausgeführt, daß bei Zugrundelegung der Auffassung der Klägerin ihr Ehemann gegen sie einen Anspruch auf Herausgabe des Grundstücks hätte und die Klägerin durch die Pfändung dieses Anspruchs Befriedigung erlangen könnte, daß also eine Gläubigerbenachteiligung nicht vorliege. Wenn aber aus dem Vermögen des Klägers der für die Barzahlung aufgewendete Betrag hinausging, wurde dadurch die Möglichkeit eines Zugriffs der Gläubiger auf dieses Vermögen zweifellos erschwert und damit eine Benachteiligung der Gläubiger herbeigeführt. Das rechtfertigte den Anfechtungsanspruch der Klägerin. Auf einen anderen Weg für ihre Befriedigung brauchte sie sich nicht verweisen zu lassen. (VIII, 2. Oktober 1931.)

Amtl. Sammlg. S. 290—292.

Vgl. Bd. 43 S. 84; Bd. 59 S. 196; Bd. 69 S. 47.

57. **Ungerechtfertigte Bereicherung. Grundstücksverkauf.** (BGB. §§ 313, 818, 915.) Im Jahre 1920 wurde ein Grundstück an eine G. m. b. H. verkauft; diese errichtete darauf eine Fabrik. In der Urkunde war der Kaufpreis unrichtig angegeben worden. Versehentlich war auch ein Grundstück, das ebenfalls Gegenstand des Kaufes sein sollte, nicht im Vertrag aufgeführt; der Fabrikbau erstreckte sich auch auf dieses Grundstück. Der Verkäufer klagte auf Feststellung der Nichtigkeit des Kaufvertrags oder auf Zahlung von 30000 *RM*; die Käuferin erhob Widerklage auf Zustimmung des Klägers zur Berichtigung des Grundbuchs hinsichtlich des nicht aufgelassenen Grundstücks. Das Landgericht verurteilte die beklagte G. m. b. H. zur Zahlung von 30000 *RM* und wies die Widerklage ab. Das Berufungsgericht verwarf die Berufung der Beklagten und erhöhte auf die Anschlußberufung des Klägers die an diesen zu zahlende Summe um weitere 8500 *RM*. Die Revision der Beklagten wurde verworfen. Der notarielle Kaufvertrag war nichtig, weil darin der Kaufpreis unrichtig angegeben war. Der Mangel war auch durch Auflassung und Eintragung nicht geheilt worden, weil sich die Willenseinigung der Parteien auch auf ein Grundstück erstreckte, das im Vertrag nicht angeführt war, demgemäß der Gegenstand der Auflassung und Eintragung und die Willenseinigung sich nicht deckten. Es kam nicht darauf an, daß die Parteien sich über einen Preis von 20 *RM* für den Quadratmeter geeinigt hatten und daß demgemäß ein höherer Teil zu zahlen gewesen wäre, wenn die Parteien gewußt hätten, daß in der der Berechnung zugrunde gelegten Fläche das nicht erwähnte Grundstück nicht enthalten war. Da nach der Feststellung des Berufungsgerichts die Parteien den Kaufvertrag nicht ohne dieses Grundstück abgeschlossen hätten, konnte der Mangel durch Auflassung und Ein-

tragung nur des anderen Grundstücks nicht geheilt werden. Die Rechtsbeziehungen der Parteien waren also nach den Grundsätzen der ungerechtfertigten Bereicherung zu beurteilen. Da die Beklagte das Grundstück mit wertvollen Fabrikgebäuden bebaut hatte, war dies wirtschaftlich etwas ganz anderes geworden; die Herausgabe war also unmöglich. Demgemäß war der Wert zu ersetzen. Die beklagte Gesellschaft hatte hiezu erklärt, der Wert des Besitzes sei für sie dadurch vermindert worden, daß ein Teil ihrer Gebäude auf fremdem Eigentum stehe. Ihr Anspruch auf Berichtigung des Grundbuchs war mit Recht abgewiesen worden, weil über das Grundstück, um das es sich handelte, kein rechtswirksamer Vertrag geschlossen worden war. Der Kläger hatte aber der Beklagten auf Grund eines nicht rechtswirksamen Kaufvertrags dieses Grundstück zum Zwecke der Eigentumsübertragung übergeben. War nun dieses Grundstück in einer Weise bebaut worden, daß die Herausgabe jetzt eine andere Leistung bedeuten würde, als die vom Kläger an die Beklagte bewirkte, so war auch insoweit die Herausgabe unmöglich. Wertersatz konnte dann nur gegen Übertragung des Eigentums an dem Grundstück auf die beklagte Gesellschaft verlangt werden; nur auf diesem Wege war ein Ausgleich der zwischen den Parteien vorgenommenen Vermögensverschiebung rechtlich möglich. Es handelte sich um eine Rechtslage, die jener ähnlich ist, die beim Überbau entsteht. Auch die beklagte Gesellschaft war hienach berechtigt, zum Zwecke der Beseitigung der grundlosen Vermögensverschiebung die Übertragung des Eigentums an dem Grundstück gegen Wertersatz zu fordern. Zwar hatte der Kläger nur die Vermögensverschiebung wegen des einen Grundstücks zum Gegenstand des Rechtsstreits gemacht; dadurch war aber die beklagte Gesellschaft nicht gehindert, seinen Ansprüchen gegenüber als Minderung ihrer Bereicherung alle Posten in Rechnung zu stellen, die sich auf den gesamten Kaufgegenstand bezogen. Die Übertragung des Eigentums an dem zweiten Grundstück wäre aber nur im Wege einer hierauf gerichteten Widerklage zu erlangen gewesen. Eine solche war nicht gestellt. Einem etwaigen Verlangen des Klägers auf Herausgabe des zweiten Grundstücks hätte die Einrede der Arglist entgegengehalten werden können, nachdem er das

Grundstück der beklagten Gesellschaft zum Zwecke der Eigentumsübertragung übergeben und dessen Bebauung geduldet hatte. (VI, 21. September 1931.)

Amtl. Sammlg. S. 293—296.

Vgl. Bd. 117 S. 113; Bd. 131 S. 335.

58. **Gesellschaft mit beschränkter Haftung. Aufrechnung. Aufwertung. Vorbehalt.** (GmbHG. §§ 19, 26; AufwG. §§ 14, 16; DurchfVO. z. AufwG. Art. 19.) Ein Gesellschafter einer G. m. b. H. hatte gegen diese eine Hypothekforderung von 50000 ℳ; andererseits verlangte die G. m. b. H. von ihm eine Nachschußzahlung von 49500 ℳ. Die Hypothekforderung war zum 31. März 1922 gekündigt; die Nachschußforderung war am 15. Januar 1922 zur Zahlung fällig. Es wurde vereinbart, daß von der Hypothekforderung 49500 *RM* zur Wegfertigung der Nachschußforderung verwendet und der Rest mit 500 ℳ am 15. Januar 1922 gezahlt werden solle. Das geschah; der Gesellschafter behielt sich aber Aufwertungsansprüche vor. Seine Klage auf Aufwertung wurde vom Berufungsgericht abgewiesen, weil seine Forderung bis zum Betrag von 49500 ℳ durch Aufrechnung getilgt worden sei, wegen des Restes aber trotz des Vorbehalts keine Aufwertung verlangt werden könne, da kein auffälliges und unbilliges Mißverhältnis zwischen der geschuldeten und empfangenen Leistung vorliege. Die Revision des Klägers hatte nur hinsichtlich der 500 ℳ Erfolg. Sie war darauf gestützt, daß die Anfechtung gegen § 19 GmbHG. verstoßen habe. Das traf nicht zu. § 19 GmbHG. bezieht sich nur auf die Aufrechnung gegen die Verpflichtung der Gesellschafter zur Einzahlung von Stammeinlagen; für Nachschußverbindlichkeiten besteht keine besondere Vorschrift. Art. 19 DurchfVO. z. AufwG. ist auch auf Aufrechnungsverträge anzuwenden. Gibt die Vorschrift schon der einseitigen Aufrechnungserklärung des Schuldners die Wirkung, daß seine Schuld in der Höhe des Nennbetrags seiner Gegenforderung endgültig als erloschen angesehen wird und keiner Aufwertung mehr fähig sein soll, so kann der Hypothekgläubiger unmöglich bessergestellt werden, wenn er sich mit der Aufrechnung einverstanden erklärt hat. Auf den Vorbehalt des Klägers konnte es insoferne nicht ankommen. Das hätte sogar dann zu gelten, wenn der Vorbehalt schon im Aufrechnungsvertrag gemacht wor-

den wäre; er hätte auch in diesem Fall nur dahin gehen können, daß dem Kläger jene Rechte gewahrt bleiben sollten, die eine künftige Gesetzgebung oder Rechtsprechung ihm zugestehen würde. Zu Unrecht war aber die Aufwertung hinsichtlich der 500 ℳ abgelehnt worden. Es handelte sich nicht um freie Aufwertung, für die ein auffälliges und unbilliges Mißverhältnis zwischen dem Wert der Forderung und der Leistung verlangt wird; die Aufwertung richtete sich vielmehr nach dem Aufwertungsgesetz, das ein solches Mißverhältnis nicht voraussetzt. (V, 30. September 1931.) Amtl. Sammlg. S. 297—300.

59. **Ödlandkulturgesellschaft. Enteignung. Geschäftsführung ohne Auftrag. Anerkennung. Rechtsweg.** (GVG. § 13; BGB. §§ 677, 679, 683; ZPO. §§ 546, 547; VO. über die Vereinfachung der Genossenschaftsbildung vom 13. Februar 1924 Art. I, §§ 1, 2; PrG. über Bodenverbesserungsgenossenschaften §§ 1, 5, 7, 8, 9, 10, 12, 13; PrWassG. § 218.) Die Deutsche Ödlandkulturgesellschaft nahm auf Grund der Reichsverordnung vom 13. Februar 1924 Ödland zum Zwecke der Kultivierung in Besitz und gab es nach Durchführung der Arbeiten dem Eigentümer wieder zurück. Die Klage auf Zahlung der Kultivierungskosten wurde in allen Rechtszügen abgewiesen. Schon nach dem preußischen Gesetz über die Bildung von Bodenverbesserungsgenossenschaften vom 5. Mai 1920 waren diese Genossenschaften Körperschaften des öffentlichen Rechts. Die Beiträge waren öffentliche Lasten und wurden im Verwaltungszwangsverfahren beigetrieben; Streitigkeiten darüber waren der Entscheidung der ordentlichen Gerichte entzogen. Die Verordnung vom 13. Februar 1924 erweiterte die Rechte dieser Genossenschaften, indem sie bestimmte, daß die Grundstückeigentümer verpflichtet seien, die für die Kultivierung von Ödland erforderlichen Handlungen auf ihrem Grund und Boden zu dulden. Hienach konnte kein Zweifel bestehen, daß die dafür zu leistenden Zahlungen ebenfalls öffentlich-rechtlicher Art waren und im Rechtsweg nicht eingeklagt werden konnten. Daß die Verordnung selbst keinen Weg für ihre Beitreibung vorsieht, konnte daran nichts ändern. Ebenso machte es nichts aus, daß der Beklagte die Zahlung zugesichert hatte; auch durch eine Anerkennung kann eine öffentlich-rechtliche Pflicht nicht zu einer privatrechtlichen Schuld gemacht

werden. Daß der Beklagte durch die Anerkennung einen neuen selbständigen Schuldgrund hatte schaffen wollen, war nicht nachgewiesen. (IX, 30. September 1931.)
Amtl. Sammlg. S. 301—308.

60. Kraftfahrzeugverkehr. Straßenbahnhaltestelle. (KraftfahrzVO. § 23.) An einer Haltestelle haltende Schienenfahrzeuge dürfen auf der Seite, wo die Fahrgäste ein- und aussteigen, nur in Schrittgeschwindigkeit und nur in einem solchen seitlichen Abstand überholt werden, daß die Fahrgäste nicht gefährdet werden. Der Zweck der Vorschrift ist, den Fahrgästen ein rasches und gefahrloses Erreichen und Verlassen der Wagen zu ermöglichen. Für diesen Schutzzweck macht es keinen Unterschied, ob der Punkt, wo die Straßenbahn hält, durch eine Tafel mit entsprechender Aufschrift als Haltestelle gekennzeichnet ist oder ob der Haltepunkt in üblicher und dem Verkehr erkennbarer Weise vom Publikum zum Ein- und Aussteigen benützt wird. Das trifft insbesondere für die Endhaltestellen der Straßenbahnen zu. Im gegebenen Fall hatte der Führer bereits durch ein Klingelzeichen darauf hingewiesen, daß die Abfahrt bevorstehe; demgemäß hatte die Straßenbahnverwaltung nichts dagegen einzuwenden, wenn schon an dieser Stelle die Wagen bestiegen wurden. (VI, 12. Oktober 1931.) Amtl. Sammlg. S. 308—309.

61. Stempelabgabe. Vollstreckbare Urkunde. (Pr.-StempStG. § 3 Abs. 3; Tarifst. 14.) In einer notariellen Urkunde erklärte der Schuldner, daß er sich wegen einer außerhalb der Urkunde schon anerkannten Schuld der sofortigen Zwangsvollstreckung unterwerfe. Außer dem zunächst verwendeten Notariatsstempel von 3 *RM* wurde vom Finanzamt noch eine Stempelabgabe in der Höhe von $^1/_6$% der Schuldsumme (abzüglich der 3 *RM*), eingefordert. Die Klage auf Rückzahlung wurde abgewiesen. Durch die Urkunde wurde das Anerkenntnis wiederholt und damit eine neue, selbständige, als Klagegrund geeignete Erklärung abgegeben und verbrieft. Eine neue Schulderklärung im Sinne des Stempelsteuergesetzes liegt schon dann vor, wenn die frühere Schulderklärung nicht in stempelpflichtiger Form beurkundet worden ist. Als kaufmännischer Verpflichtungsschein konnte die Urkunde nicht anerkannt werden, da sie sich nicht auf die Verpflichtung zur Zah-

lung einer Geldforderung beschränkte. (VII, 16. Oktober 1931.) Amtl. Sammlg. S. 310—312.
Vgl. Bd. 77 S. 373.

62. Verzicht auf Ruhegehalt. (RBeamtG. § 100; Pr.-KommBeamtG. § 7.) Der Wegemeister eines preußischen Kreises suchte um Versetzung in den Ruhestand nach. Das Gesuch wurde abgelehnt und lediglich ein Erholungsurlaub bewilligt. Er hatte in der Erwartung, daß das Gesuch genehmigt würde, schon eine Gastwirtschaft erworben. Mit Rücksicht darauf bat er, ihn aus dem Dienste zu entlassen und verzichtete auf alle Ansprüche gegen den Kreis, die aus seiner Anstellung herzuleiten wären. Dem Antrag wurde stattgegeben. Ein Gesuch um Wiedereinstellung wurde abgewiesen. Dem Antrag auf Gewährung des gesetzlichen Ruhegehalts gab der Provinzialrat nur teilweise statt. Die Klage auf Feststellung, daß der Kreis zur Gewährung des gesetzlichen Ruhegehalts verpflichtet sei, drang vor dem Landgericht durch. Das Reichsgericht verwies die Sache zurück. Die Verurteilung zur Zahlung des gesetzlichen Ruhegehalts hat zur Voraussetzung, daß der Beamte in den Ruhestand versetzt worden ist. Das war nicht geschehen. Die Rechtswirksamkeit der Verzichtserklärung hatte das Landgericht deshalb abgelehnt, weil die Ansprüche auf Ruhegehalt öffentlich-rechtlicher Natur seien und für eine rechtsgeschäftliche Änderung kein Raum bliebe. Dem stimmte das Reichsgericht insoferne bei, als ein allgemeiner Verzicht des Beamten auf Diensteinkommen, Ruhegehalt und Hinterbliebenenfürsorge wegen der öffentlich-rechtlichen Natur dieser Ansprüche als unzulässig anerkannt wurde. Verschieden davon ist aber die Frage, ob ein Verzicht auf Ruhegehalt dann zulässig ist, wenn der Beamte gleichzeitig um Entlassung aus dem Dienste nachsucht. Für diesen Fall hat das Reichsgericht die Rechtswirksamkeit des Verzichts schon mehrfach anerkannt. Die Erklärung kann auch schon abgegeben werden, ehe der Anspruch auf Ruhegehalt entstanden ist. Die Frage, ob die Beifügung eines Vorbehalts die Rechtswirksamkeit der Erklärung beeinträchtigen kann, ließ das Reichsgericht offen. (III, 29. September 1931.)
Amtl. Sammlg. S. 313—318.
Vgl. Bd. 69 S. 397; Bd. 96 S. 302; Bd. 114 S. 122; Bd. 131 S. 87.

63. Verpachtung eines Geschäfts. Firmengleichheit. Offene Handelsgesellschaft. Haftung für Geschäftsschulden des Vorgängers. Beweiskraft des Handelsregisters. (HGB. §§ 15, 18, 22, 25, 128.) Der Inhaber einer Fleischerei und Wurstfabrik, der im Handelsregister unter der Firma G. R. eingetragen war, verpachtete das Geschäft an seinen Sohn. Dem Registergericht wurde mitgeteilt, daß der Sohn in das Geschäft eintrete und daß die damit begründete offene Handelsgesellschaft unter der Firma G. R. & Sohn geführt werde. Die Änderung wurde in das Handelsregister eingetragen. Ein halbes Jahr später meldeten die beiden Gesellschafter an, daß die offene Handelsgesellschaft aufgelöst sei, daß der Sohn das Geschäft unter der alten Firma fortführe und alle Verbindlichkeiten übernehme. Der Sohn wurde darauf als alleiniger Inhaber der Firma in das Handelsregister eingetragen. Ein Jahr später gab der Sohn, der in geschäftliche Schwierigkeiten geraten war, das Geschäft an seinen Vater zurück und meldete dem Handelsregister an, daß er den Gewerbebetrieb eingestellt habe und daß damit die Firma erloschen sei. Nachdem die Firma gelöscht war, meldete der Vater an, daß er das Geschäft unter der früheren Firma (G. R.) betreibe; das wurde in das Handelsregister eingetragen. Der Schwiegervater des Sohnes, der diesem wiederholt geholfen hatte, klagte gegen den Vater auf Zahlung dieser Beträge; die Klage war insbesondere darauf gestützt, daß der Vater das Geschäft des Sohnes mit der Firma übernommen habe. Sie drang nicht durch. Die Klageforderungen rührten nicht aus der Zeit her, da im Handelsregister die offene Handelsgesellschaft G. R. & Sohn eingetragen war. In diesem Fall hätte die Klage auf die samtverbindliche Haftung der Gesellschafter gestützt werden können. Der Einwand, daß in Wirklichkeit keine offene Handelsgesellschaft, sondern ein Pachtverhältnis vorlag, hätte der Klage nur dann entgegengesetzt werden können, wenn dem Kläger diese Tatsache bekannt gewesen wäre. Wenn auch das Handelsregister keinen öffentlichen Glauben hat, hätte doch der Beklagte, der die offene Handelsgesellschaft mitangemeldet hatte, diese der Öffentlichkeit gegenüber abgegebene Erklärung gegen sich gelten lassen müssen vorbehaltlich des Beweises der Kenntnis des Klägers von ihrer Unrichtigkeit. Die Vorschriften des § 25 HGB.

finden auch Anwendung, wenn ein Handelsgeschäft verpachtet und vom Pächter unter der bisherigen Firma fortgeführt wird. Der Pächter wird in diesem Falle als Inhaber der Firma in das Handelsregister eingetragen. Wer ein bestehendes Geschäft auf Grund eines Rechtsgeschäfts unter Lebenden fortführt und auch die gleiche Firma beibehält, legt damit den Willen an den Tag, in das Ganze der Geschäftsbeziehungen des früheren Inhabers, also auch in seine Geschäftsschulden, einzutreten, wenn nicht die Haftung durch die im Gesetz vorgesehenen Maßnahmen mit Wirkung gegen Dritte ausgeschlossen wird. Gleichmäßig ist der Fall zu behandeln, wenn nach dem Ausscheiden des Pächters der Verpächter das Geschäft fortführt. Das Berufungsgericht hatte die Klage abgewiesen, weil der Beklagte das Geschäft, nachdem das Pachtverhältnis aufgelöst worden war, nicht unter der bisherigen Firma fortführte. Allerdings war die frühere Firma (G. R. & Sohn) der neuen (G. R.) sehr ähnlich. Ob in einem solchen Fall Firmengleichheit angenommen wird, kommt auf die Auffassung des Verkehrs an. In der Rechtsprechung ist anerkannt, daß durch Hinzufügung eines auf eine offene Handelsgesellschaft oder eine andere Handelsgesellschaft hindeutenden Zusatzes die Firmengleichheit nicht ausgeschlossen wird. Das hat seinen Grund darin, daß für diese Gesellschaften die in Betracht kommenden Zusätze gesetzlich vorgeschrieben sind. Anders liegt aber die Sache, wenn ein Einzelkaufmann das Geschäft einer Handelsgesellschaft fortführt; dann steht es bei ihm, ob er den Zusatz streichen oder beibehalten will. Streicht er ihn, so liegt eine Firmenänderung vor. Das mußte hier um so mehr gelten, als nicht das farblose „& Co." sondern der viel genauere Zusatz „& Sohn" gestrichen wurde; dazu kam noch, daß die Löschung der Firma „G. R. & Sohn" in das Handelsregister eingetragen und öffentlich bekannt gemacht wurde. (II, 6. Oktober 1931.)

Amtl. Sammlg. S. 318—326.
Vgl. Bd. 51 S. 39; Bd. 104 S. 342; Bd. 113 S. 309; Bd. 125 S. 228; Bd. 131 S. 29.

64. **Mittelbare Patentverletzung.** (PatG. §§ 4, 35.) Für ein Verfahren zum Abbinden von elektrischen Leitungen sowie für Geräte, die dabei in Verwendung kommen sollten, war ein Patent erteilt. In einer Fabrik wurden

Gummitüllen (kleine Gummiröhren von engem Durchmesser hergestellt) und zum Abbinden von elektrischen Leitungen angeboten. Der Inhaber des Patents klagte auf Unterlassung. Der Beklagte bestritt, daß sich der Schutzumfang des Patents auf den Vertrieb der Gummitüllen erstrecke. Die Klage wurde abgewiesen. Die Verwendung von Gummi zum Zwecke der Isolierung elektrischer Leitungen war schon zur Zeit der Erteilung des Patents bekannt; Schwierigkeiten machte aber das Aufbringen von Gummitüllen auf das Ende einer elektrischen Leitung. Diese Schwierigkeiten wurden durch das Patent des Klägers behoben. Zum Abbinden konnten die Gummitüllen nur mittels des Verfahrens des Klägers, insbesondere unter Benutzung der durch das Patent geschützten Zange, verwendet werden. Der Kläger verkaufte diese Zange unter der Bedingung, daß auch die Tüllen von ihm bezogen werden mußten. Diese Umstände genügten nicht zur Stütze der Klage. Die vom Beklagten hergestellten Gummitüllen waren nicht besonders auf das Verfahren des Klägers abgestimmt; sie waren also als neutrale Teile anzusehen. Auch bei solchen neutralen Teilen ist eine mittelbare Benutzung des Verfahrens möglich, wenn der Verkäufer sie ausgesprochen hiefür angeboten und geliefert hat. Das war nach den Werbeschriften des Beklagten der Fall; aber es fehlte der Nachweis, daß auch der Abnehmer selbst die ihm gelieferten Tüllen patentwidrig benutzte. Nach eigenem Vorbringen des Klägers konnte das nur unter Benutzung der von ihm gelieferten Zange geschehen; demnach war ein Abbinden nur nach dem geschützten Verfahren des Klägers möglich. Da der Kläger die Zange im freien Verkehr abgab, konnten allerdings auch Personen sie benützen, denen der Kläger keine Lizenz erteilt hatte; ist aber eine Ware einmal im freien Verkehr, so ist für eine Lizenzerteilung kein Raum mehr. Die Einschränkungen, die der Kläger den Käufern der Zange auferlegte, hatten nur schuldrechtliche, keine patentrechtliche Bedeutung. (I, 14. Oktober 1931.)

Amtl. Sammlg. S. 326—330.
Vgl. Bd. 122 S. 243.

65. Markenartikel, Preisbindung. Fakturenklausel. Preisschleudern. Gute Sitten. Notverordnungen. Ge-

setzesauslegung. (NVO. vom 26. Juli 1930, Abschn. 5 § 1; UnlWG. § 1.) Ein Kaufmann, der einen Posten Weinbrand „Asbach Uralt" billig erworben hatte, verkaufte ihn erheblich unter den von der Fabrik festgehaltenen Preisen. Die Klage der Fabrik auf Unterlassung und Schadenersatz wurde in allen Rechtszügen abgewiesen. Sie war auf sittenwidrige Ausnutzung fremden Vertragsbruchs gestützt; zur Begründung war angeführt, daß die Klägerin ein lückenloses Preisbildungssystem durchgeführt habe, so daß es dem Kläger unmöglich gewesen sei, ohne Vertragsbruch die Ware zu billigeren Preisen, als sie festgesetzt hatte, zu erwerben. Dafür fehlte der Beweis. Aus den Notverordnungen waren gegen die Preisbindungen der Klägerin keine Bedenken herzuleiten. Spirituosen fallen nicht unter die Verordnungen über Preisbindungen für Markenwaren. Da sich die Preisbindungen der Klägerin auch nur auf ihre eigenen Erzeugnisse bezogen, kam die Verordnung über Preisbindungen vom 30. August 1930 nicht in Anwendung. Auch die Kartellnotverordnung (KartNVO.) vom 26. Juli 1930 traf nicht zu. Vertragliche Preis- und sonstige Absatzbindungen, die ein einzelner Unternehmer seinen einzelnen gewerblichen Abnehmern auferlegt, fallen nicht unter den Kartellbegriff; es fehlt an der gesellschaftlichen oder körperschaftlichen Zusammenfassung der Beteiligten. Der Auffassung, daß auch derartige Bindungen (Bindungen der zweiten Hand) der Kartellnotverordnung unterworfen sein sollen, wurde vom Reichsgericht nicht gebilligt. Nach § 1 Abs. 3 KartNVO. gelten allerdings als Verträge im Sinne der KartellNVO. auch solche Verträge, durch welche sich mehrere selbständige Unternehmungen, die der gleichen Wirtschaftsstufe angehören, einzeln einem anderen gegenüber in bezug auf die Art der Preisfestsetzung oder die Forderung von Preisen zu einem bestimmten Verhalten verpflichten. Diese Vorschrift bezieht sich aber nur auf die vorausgehenden Absätze 1 und 2; in diesen ist bestimmt, daß die Reichsregierung Verträge oder Beschlüsse der im § 1 KartVO. bezeichneten Art, welche Verpflichtungen über die Art der Festsetzung oder Forderung von Preisen enthalten, für nichtig erklären oder eine bestimmte Art der Durchführung untersagen kann, daß sie auch den Parteien den Rücktritt von Verträgen dieser Art gestatten kann. Wenn die Kartellnotverordnung auch eine im allgemeinen Interesse getroffene Notmaßnahme darstellt, handelt es sich bei ihr doch um einen durch Ausnahmegesetz verordneten Eingriff in bestehende vertrags- und privatrechtliche Verhältnisse; soweit durch solche Gesetze Rechte und Befugnisse abgeschnitten und verkürzt werden, die auf der allgemeinen Rechtsordnung beruhen, muß sich das aus den getroffenen Anordnungen ganz unzweifelhaft ergeben. Sollten Preisbindungen der zweiten Hand schlechthin der Kartellverordnung unterworfen werden, so hätte man das unschwer in der Notverordnung zum Ausdruck bringen können. Das Unterbieten im gewerblichen Wettbewerb stellt dann eine unlautere sittenwidrige Handlung dar, wenn es auf Mißachtung eigener Rechtspflichten oder auf geflissentliche Ausnutzung fremden Vertragsbruchs gegründet ist und zugleich auf die Vertrags- und Gesetzestreue der übrigen Mitbewerber rechnet. Vorausgesetzt ist, daß die Preisbindungen selbst vor dem Gesetz und den guten Sitten Bestand haben. Daß schon die Preisbindung zweiter Hand als solche gesetz- und sittenwidrig wäre, läßt sich nicht behaupten. Es kommt auf den Einzelfall an. Im vorliegenden Fall war zu beachten, daß die Ware der Klägerin nicht zum notwendigen Lebensbedarf gehörte und daß andere Ware der gleichen Art überreich auf dem Markte ist. Das Berufungsgericht hatte die Klage deshalb abgewiesen, weil keine einheitliche Bindung aller Abnehmer der Klägerin vorhanden gewesen sei und darum der Nachweis der Ausnutzung fremden Vertragsbruchs durch den Beklagten fehle. Darin wäre ein Rechtsirrtum zu finden gewesen, wenn das Berufungsgericht angenommen hätte, daß die Preisbindung in allen Fällen auf gleiche Weise hätte herbeigeführt werden müssen. Die Gründe des Urteils ließen aber keinen Zweifel darüber, daß das Berufungsgericht nur sagen wollte, es seien nicht alle Abnehmer der Klägerin von der Preisbindung erfaßt worden. So verstanden gab seine Begründung zu rechtlichen Bedenken keinen Anlaß. Die Klägerin hatte die Preisbindung auf verschiedene Weise herbeigeführt. Zum Teil ließ sie sich besondere Reversverträge ausstellen des Inhalts, daß ihre Abnehmer sich verpflichteten, die von ihr festgesetzten Verkaufspreise einzuhalten. Solche Verträge waren besonders gegenüber Großhändlern üblich.

In anderen Fällen suchte die Klägerin ihr Ziel durch kaufmännische Bestätigungsschreiben zu erreichen, denen auf der Rückseite die Geschäftsbedingungen, darunter eine den Reversverträgen entsprechende Preisbindungsklausel, aufgedruckt waren. Daß durch die widerspruchslose Entgegennahme solcher Bestätigungsschreiben eine Bindung an den Inhalt herbeigeführt wird, erkannte das Reichsgericht an. Der dritte Weg war der, daß Bestellungen ohne vorgängige Bestätigung des Auftrags ausgeführt wurden und auf die Rückseite der Rechnung die Geschäftsbedingungen und Preisbindungsklauseln abgedruckt wurden. Solche Rechnungen gingen den Käufern häufig erst nach Eintreffen der bestellten Waren zu. In diesem Fall lag eine Bindung nicht vor; von einer solchen ließ sich nur reden, wenn der Empfänger noch vor Eingang und Annahme der Ware in der Lage war, den Bedingungen der Auftragsbestätigung zu widersprechen. Rechtlich belanglos war, ob die Klägerin ihre Abnehmer bei sich bietender Gelegenheit auf die Preisbindung hinwies. Solche Hinweise begründeten keine neue Verpflichtung; waren die Abnehmer bisher nicht gebunden, so wurden sie es auch nicht durch den Hinweis. Vermerke auf Preislisten und ähnlichen Geschäftspapieren konnten von Rechtserheblichkeit nur für solche Bestellungen sein, die auf Grund dieser Papiere erfolgten. Ebenso machte es nichts aus, ob in Geschäftskreisen bekannt war, daß die Klägerin für ihre Ware das System der Bindung der zweiten Hand aufgenommen hätte. (II, 6. Oktober 1931.)

Amtl. Sammlg. S. 330—341.

Vgl. Bd. 88 S. 9; Bd. 116 S. 381; Bd. 117 S. 16; Bd. 120 S. 47; Bd. 128 S. 12.

66. Eisenbahn. Einwirkungen elektrischer Ströme. Eigentum. (BGB. § 906; PrEisenbG. §§ 14, 25; RBahnG. § 37.) Eine Fabrik magnetischer Instrumente, die nur an einem magnetisch völlig stromfreien Orte betrieben werden konnte und seit 5 Jahren an einem solchen betrieben wurde, mußte verlegt werden, weil eine in einer Entfernung von 300 Metern daran vorüberführende Eisenbahn auf elektrischen Betrieb umgestellt wurde. Die gegen die Deutsche Reichsbahngesellschaft erhobene Klage auf Schadenersatz wurde vom Berufungsgericht als begründet anerkannt. Das Reichsgericht wies sie ab. Das Urteil des Berufungsgerichts war auf §§ 14, 25 PrEisenbG. gestützt. Die Revision behauptete, dieses Gesetz sei durch das Reichsbahngesetz aufgehoben. Dieser Auffassung trat das Reichsgericht entgegen. Das Reichsbahngesetz enthält zwar neue Vorschriften über die Zustimmung der Reichsregierung zu Eisenbahnbauten und über die Anhörung der Landesbehörden; der sachliche Inhalt des § 14 PrEisenbG. ist aber bestehen geblieben. Diese Vorschrift verpflichtet den Eisenbahnunternehmer, alle Anlagen einzurichten, welche die Regierung für nötig findet, damit die der Bahnlinie benachbarten Grundbesitzer gegen Gefahren und Nachteile in Benutzung ihrer Grundstücke gesichert werden. Solche Anordnungen können auch nach der Betriebseröffnung noch getroffen werden. Aus dieser Vorschrift hat die Rechtsprechung den Satz entwickelt, daß der Unternehmer im Rahmen der technischen Ausführbarkeit und der Vereinbarkeit mit den Zwecken des Unternehmens auch noch andere als die von der Verwaltungsbehörde geforderten Anlagen einzurichten hat und daß er den Nachbarn für die Schadensfolge der Unterlassung solchen Anlagen haftet, wenn ihm ein Verschulden zur Last fällt. In dieser Hinsicht werden aber durch § 906 BGB. Grenzen gezogen; ortsübliche Einwirkungen müssen geduldet werden. Die Einführung des elektrischen Betriebs auf der in Betracht kommenden Strecke war eine organische und notwendige Fortentwicklung; wie sich beim Dampfbetrieb die Bahnanlieger gewöhnliche Rauch- und Rußzuführungen gefallen lassen müssen, so müssen beim elektrischen Betrieb die gewöhnlichen, bei dieser Anlage nicht zu vermeidenden Stromeinwirkungen hingenommen werden. § 14 Pr.-EisenbG. versagte also als Klagegrundlage. Nach § 25 PrEisenbG. kann Ersatz verlangt werden für Schäden, die bei der Beförderung auf der Bahn an den darauf beförderten Personen und Güter oder auch an anderen Personen und deren Sachen entstehen. Auch diese Vorschrift konnte nicht zur Anwendung kommen, weil keine Sachbeschädigung nachgewiesen war. Einwirkungen auf ein Grundstück ohne Verletzung seiner Substanz sind keine Sachbeschädigungen. Auch aus sonstigen Rechtsvorschriften ließ sich kein Schadenersatzanspruch entnehmen. Der Kläger hatte kein Recht darauf, daß die ganz besonderen Vor-

bedingungen für seine Fabrik erhalten blieben. (V, 21. Oktober 1931.) Amtl. Sammlg. S. 342—351.
Vgl. Bd. 32 S. 283; Bd. 37 S. 269; Bd. 53 S. 25; Bd. 70 S. 150; Bd. 81 S. 216; Bd. 122 S. 137.

67. **Eheliches Güterrecht.** (BGB. §§ 1363, 1400, 1432.) Eine Frau, die mit ihrem Mann in gesetzlichem Güterstand lebte, klagte Mietzinsen eines ihr gehörigen Hauses in eigenem Namen ein. Gegen die Klage wurde eingewendet, daß die Mietzinsen nicht ihr, sondern ihrem Mann zustünden. Das traf an sich zu. Die Frau hatte aber schon den Mietvertrag in eigenem Namen abgeschlossen und daraus ergab sich, daß hinsichtlich dieses Hauses zwischen den Eheleuten eine von ihrem sonstigen Güterstand abweichende Regelung getroffen war. Das ist zulässig; insbesondere kann der Mann die ihm an Gegenständen des eingebrachten Gutes zustehende Nutzung der Frau überlassen. So lag die Sache hier. Daß der Beklagte das wußte, ergab sich aus dem Mietvertrag. (VIII, 8. Oktober 1931.) Amtl. Sammlg. S. 351—352.
Vgl. Bd. 56 S. 76; Bd. 65 S. 368; Bd. 83 S. 241; Bd. 124 S. 327.

68. **Stempelabgabe. Sicherstellung von Rechten.** (KapVerkStG. §§ 25, 27, 84; PrStempStG. Tarifst. 14, 15.) Eine amerikanische Gesellschaft nahm dort im Jahre 1926 eine Anleihe von 12½ Millionen Dollar auf. In bezug auf diese Anleihe schlossen deutsche Aktiengesellschaften ein Garantieabkommen, nach dem die eine Gesellschaft, die in Berlin ihren Sitz hatte, sich verpflichtete, die Schuldverschreibungen bei Fälligkeit pünktlich einzulösen und bei Verfehlungen der amerikanischen Gesellschaft das ganze Kapital auf die Schuldverschreibungen zu zahlen. Es wurde eine Stempelabgabe von 52500 *RM* eingefordert. 30000 *RM* wurden gezahlt, aber mit Klage zurückgefordert. Diese drang in allen Rechtszügen durch. Unrichtig war die Auffassung der Klägerin, daß nach Tarifst. 15 Abs. 3 jede Stempelpflicht entfiele, weil die Rechtsgeschäfte, auf denen die durch das Abkommen sicherzustellenden Rechte beruhten, im Ausland vorgenommen worden waren. Allerdings waren weder der im Ausland abgeschlossene Hauptvertrag noch die im Inland ausgegebenen Teilschuldverschreibungen stempelpflichtig; die Frage aber, ob für die Sicherstellung eine Stempelgebühr

anfiel, war so zu entscheiden, als ob das sicherzustellende Recht im Inland begründet worden wäre. Demgemäß war aber auch zu prüfen, ob in diesem Fall die Stempelpflicht nicht deshalb entfallen wäre, weil es sich um reichssteuerpflichtige Wertpapiere gehandelt hätte. Das war zu bejahen. Bei den Teilschuldverschreibungen würde es sich, wenn sie in Preußen ausgegeben worden wären, um Wertpapiere gehandelt haben, die unter das Kapitalverkehrssteuergesetz fielen. Der Hauptvertrag wäre, wenn er im Inland geschlossen worden wäre, mit Rücksicht auf die Steuerpflicht der Teilschuldverschreibungen nicht steuerpflichtig geworden, zum mindesten, soweit sein Inhalt sich mit dem der Teilschuldverschreibungen deckte, da in diesem Fall zwischen dem Gesamtversprechen und der Summe der einzelnen Versprechen nicht unterschieden werden konnte. (VII, 9. Oktober 1931.) Amtl. Sammlg. S. 352—356. Vgl. Bd. 25 S. 64; Bd. 45 S. 231; Bd. 68 S. 157; Bd. 122 S. 122, 280.

69. **Hypothekaufwertung. Gesellschaft mit beschränkter Haftung. Gläubigerbenachteiligung. Öffentlicher Glaube des Grundbuchs.** (AufwG. § 22.) Eine G. m. b. H. bestand aus den Gesellschaftern A. und B.; A. war Geschäftsführer. Auf dem Grundstück der Gesellschaft lag eine Vorkriegshypothek für C.; sie wurde aufgewertet und am 12. Oktober 1926 an nächstoffener Stelle wieder eingetragen. Am 20. März 1925 war eine Hypothek für Frau A. und am 16. April 1925 eine solche für B. eingetragen worden; diese wurde im Dezember 1927 auf Frau B. umgeschrieben. Frau A. und Frau B. waren Schwestern. Anfangs November 1929 gingen die beiden Hypotheken auf den Güterhändler G. über. Das Grundstück kam zur Versteigerung. C. klagte gegen G. auf Einräumung des Vorrangs. Er drang in allen Rechtszügen durch. Die Vorschriften des § 22 Abs. 1 AufwG. finden auch dann Anwendung, wenn eine G. m. b. H. an ihrem Grundstück eine Hypothek für einen ihrer Gesellschafter bestellt, der zugleich zu anderen Gesellschaftern in einer der dort bezeichneten verwandtschaftlichen oder schwägerschaftlichen Beziehungen steht. Das traf zu für die Hypothek des B., da seine Frau eine Schwester der Frau A. war. Es kann auch keinen Unterschied machen, wenn der Rechtserwerb nicht durch einen der Gesellschafter selbst, sondern durch

eine Person stattgefunden hat, die zu sämtlichen Gesellschaftern in einer der gekennzeichneten Beziehungen steht. Das traf zu auf die Hypothek der Frau A., da sie die Frau des einen und die Schwägerin des anderen Gesellschafters war. Da sowohl B. als auch Frau A. ihre Hypotheken erst nach dem 1. Januar 1925 erworben hatten, hätten sie der Eintragung des Aufwertungsbetrags der Hypotheken des Klägers an der bisherigen Rangstelle nicht widersprechen können. In Frage kam aber, ob nicht der Beklagte zufolge des öffentlichen Glaubens des Grundbuchs die beiden Hypotheken mit dem ihnen nach dem Grundbuch zukommenden Rang erworben hatte. Dieser Annahme stand § 22 Abs. 2 AufwG. entgegen. Bedenken konnte nur der Umstand erregen, daß die Hypothek des Klägers schon vor dem Rechtserwerb der Ehefrau B. und des Beklagten mit ihrem Aufwertungsbetrag, aber mit unrichtigem Rang wieder eingetragen worden war. Das Reichsgericht hatte in einer früheren Entscheidung die Auffassung vertreten, daß die Vorschrift des § 22 Abs. 2 AufwG. nur solche Gläubiger schützt, die nicht mehr im Grundbuch stünden und deren Rechte auf Grund des Aufwertungsgesetzes wieder einzutragen seien, daß aber, wenn das gelöschte Recht wieder eingetragen sei, diese Eintragung den Schutz des öffentlichen Glaubens nur nach allgemeinen Grundsätzen genieße. Die Nachprüfung ergab, daß sich die Entscheidung in dieser Allgemeinheit nicht aufrechterhalten ließ. Sie wurde aufrechterhalten für solche Änderungen der ersten Wiedereintragung, die nach Vorschriften des allgemeinen bürgerlichen Rechts erfolgen; ihnen gegenüber tritt von der ersten Wiedereintragung an der öffentliche Glaube des Grundbuchs wieder voll in Kraft. Dagegen kann dies nicht gelten gegenüber der Richtigstellung von aufwertungsrechtlichen Unrichtigkeiten der ersten Wiedereintragung. Wenn die Vorschrift des § 22 Abs. 2 AufwG. dem Aufwertungsgläubiger Schutz gegen zwischenzeitliche Eintragungen gewähren soll, so muß davon ausgegangen werden, daß sie nach dieser Richtung vollen Schutz bezweckt und die gesetzliche Aufwertung in ihrem ganzen Umfang gegen Rechtserwerbe aus der Zeit nach dem 30. Juni 1925 zur Durchführung bringen will. Die Vorschrift schützt also nur die sachlich richtige Aufwertungseintragung. Hiernach war die Revision zurückzuweisen, ohne daß es einer Prüfung der Gutgläubigkeit des Beklagten bedurfte. (V, 30. Oktober 1931.)

Amtl. Sammlg. S. 357—361.

70. Bauerlaubnis. Gegenleistung. Gute Sitten. (BGB. § 138; PrFluchtLG. §§ 8, 11, 13; PrMinErl. vom 15. Februar 1887.) Der Eigentümer eines Hauses wollte an diesem eine Veränderung vornehmen, für die baupolizeiliche Genehmigung erforderlich war. Zuständig hiefür war das Polizeipräsidium in Berlin. Dieses gab das Gesuch an den Magistrat Berlin zur Äußerung. Es fanden dann Verhandlungen zwischen diesem und dem Hauseigentümer statt, die dazu führten, daß dieser sich zur unentgeltlichen Abtretung eines Teiles seines Grundstücks zum Zwecke der Straßenverbreiterung bereit erklärte. Die Genehmigung zur Bauvornahme wurde erteilt. Als die Stadt die Abtretung des Grundstücksteils verlangte, berief sich der Eigentümer darauf, daß die Vereinbarung gegen die guten Sitten verstoßen habe. In zwei Rechtszügen wurde die Klage abgewiesen. Die Revision der Stadt führte zur Zurückverweisung. Wäre die Einwilligung der Stadt zu der vom Polizeipräsidium ausgesprochenen baupolizeilichen Erlaubnis ein dieser gleichzusetzender reiner Hoheitsakt gewesen, so hätte allerdings der allgemeine Satz angewandt werden müssen, daß eine Behörde für die Erfüllung einer amtlichen Aufgabe eine erhebliche geldwerte Vergütung nur insoweit beanspruchen darf, als das gesetzlich zugelassen ist. Im gegebenen Fall war aber die Baufluchtlinie schon seit längerer Zeit festgesetzt und war demgemäß die Stadt berechtigt, mit den Anliegern privatrechtliche Verträge abzuschließen, die den Erwerb der zur Straße bestimmten Grundstücke zum Gegenstand hatten. Dementsprechend ist im Fluchtliniengesetz eine Baubeschränkung aufgestellt, um zu verhindern, daß der Wert der zu Straßenzwecken bestimmten Grundstücke durch bauliche Veränderungen gesteigert und so die Gemeinde genötigt würde, bei der Enteignung des Grundstücks höhere Entschädigungen zu zahlen, als im Zeitpunkt der Fluchtlinienfestsetzung erforderlich gewesen wäre. Die Einholung der Zustimmung der Gemeinden zu den Baugesuchen ist im Gesetz nicht vorgesehen, aber durch eine Ministerialentschließung angeordnet worden, um den Gemeinden die Möglichkeit der Wahrung ihrer wirtschaftlichen Belange zu geben. Bei der Erteilung oder Verweigerung der Genehmigung hat die Gemeinde in ihrer Eigenschaft als Trägerin von Vermögensrechten zu handeln. Hienach war es nicht zu beanstanden, daß die Stadt ihre Genehmigung von Bedingungen wirtschaftlicher Art abhängig machte. Zu prüfen war jedoch, ob sie nicht unter Mißbrauch ihrer Machtstellung sich übermäßige Vorteile verschafft hatte und demgemäß Wucher anzunehmen war. (VI, 26. Oktober 1931.)

Amtl. Sammlg. S. 361—364.

Vgl. Bd. 51 S. 417 Bd. 56 S. 4; Bd. 69 S. 68; Bd. 128 S. 29; Bd. 132 S. 96.

71. Zustellung. Formvorschrift. (ZPO. §§ 194, 211.) Gegen eine Klage wurde eingewendet, daß der Zahlungsbefehl, mit dem das Verfahren eröffnet wurde, nicht rechtsförmlich zugestellt worden sei; auf dem Umschlag, in dem er enthalten war, fehlte das Gerichtssiegel. In zwei Rechtszügen wurde die Klage abgewiesen. Das Reichsgericht verwies die Sache an das Landgericht zurück. Nicht jeder Verstoß gegen Vorschriften, die als zwingendes Gebot für den Zustellungsbeamten aufgestellt sind, macht die Zustellung nichtig. Unwesentliche Fehler können unbeachtet bleiben, wenn der Zweck der Zustellung, die Übergabe des zuzustellenden Schriftstücks, vollständig und rechtzeitig erreicht worden ist. Es liegt kein Grund vor, warum bei Übergabe der richtigen Schriftstücke in dem Briefumschlag, dessen Übergabe in einer dem Gesetz entsprechenden Urkunde bezeugt ist, das Fehlen des nur zur Sicherung solcher Übergabe anzubringenden Gerichtssiegels die richtige Übergabe als nicht geschehen sollte erscheinen lassen. Ein derartig übertriebener Formalismus verstieße gegen die Grundauffassung, daß die Formvorschriften dem Schutz des sachlichen Rechts, nicht seiner Vereitelung zu dienen haben. (II, 27. Oktober 1931.)

Amtl. Sammlg. S. 365—370.

Vgl. Bd. 17 S. 403, 411; Bd. 52 S. 11; Bd. 70 S. 179; Bd. 109 S. 265; Bd. 123 S. 194, 204; Bd. 124 S. 22.

72. Stempelabgabe. Sicherung von Rechten. (Pr. StempStG. §§ 3, 6, 7; Tarifst. 15, 18.) Für den von einer Bank gewährten Kredit übernahm eine G. m. b. H. die Bürgschaft als Selbstschuldnerin in unbegrenzter Höhe. Das Finanzamt stellte fest, daß die Forderung der Bank zur Zeit der Übernahme der Bürgschaft über 6000 *RM* betragen habe und erhob nach Tarifst. 15 Abs. 1 PrStemp.-StG. eine Stempelabgabe von 6,50 RM. Die Klage auf Rückzahlung von 5 RM drang in allen Rechtszügen durch. Bei Urkunden über die Sicherstellung von Geldforderungen, deren Betrag nicht genannt ist, darf dieser nicht durch Ermittlungen festgestellt werden; da für die Bemessung des Stempels nur der Inhalt der Urkunde maßgebend ist, ist in solchen Fällen Unschätzbarkeit anzunehmen. Nach Tarifst. 15 Abs. 4 betrug also die Stempelabgabe nur 1,50 RM. (VII, 30. Oktober 1931.)

Amtl. Sammlg. S. 370—374.

Vgl. Bd. 96 S. 43; Bd. 117 S. 398; Bd. 122 S. 143; Bd. 125 S. 87; Bd. 128 S. 235.

73. **Stempelabgabe. Generalvollmacht. Wertangabe. Nachforderung.** (PrStempStG. § 27.) Bei Erteilung einer Generalvollmacht wurde als Wert 75000 RM angegeben. Auf Grund einer Nachprüfung der Akten des Notars wurde eine Erhöhung der aus diesem Wert berechneten Stempelabgabe eingefordert, da der Wert des Vermögens der Vollmachtgeberin höher gewesen sei. Die Feststellungsklage, daß die Nachforderung unzulässig sei, drang in allen Rechtszügen durch. Die Beanstandung von Angaben der Stempelpflicht über den Wert des Gegenstandes eines Geschäfts ist nur binnen drei Jahren nach der Beurkundung zulässig. Diese Frist war verstrichen. (VII, 30. Oktober 1931.)

Amtl. Sammlg. S. 374—377.

Vgl. Bd. 79 S. 425; Bd. 96 S. 45.

74. **Patent. Vorbenutzung.** (PatG. § 5.) Für eine Schaltungsanordnung wurde ein Patent erteilt. Der Inhaber klagte gegen einen Fabrikanten, der in der Schweiz eine Fernsprechanlage angeblich unter Verletzung des Patents hergestellt hatte, auf Unterlassung, Rechnungslegung und Schadenersatz. Das Berufungsgericht wies die Klage ab. Die Revision des Klägers hatte Erfolg. Dem Beklagten war für eine ähnliche Erfindung auf Grund einer späteren Anmeldung ein Patent erteilt worden. Er berief sich darauf, daß er die Erfindung schon vor der Patentanmeldung des Klägers gemacht habe und daß ihm deshalb ein Vorbenutzungsrecht zustehe. **Von Vorbenutzung kann nur die Rede sein, wenn Veranstaltungen zur sofortigen Ausnutzung der Erfindung getroffen worden sind; der bloße Erfindungsbesitz bedeutet noch keine Vorbe-**

nutzung. Auch die Anmeldung einer Erfindung zum Schutz ist noch keine Vorbenutzung. Die vorgelegten Zeichnungen ergaben zudem, daß das Patent des Beklagten in mehrfacher Hinsicht andere Wege einschlug als jenes des Klägers. Das Vorbenutzungsrecht ermächtigt den Vorbenutzer nur, seine Vorbenutzung so, wie sie stattfand, einschließlich der glatten Äquivalente fortzusetzen; er hat aber nicht das Recht, sich Ausführungsformen aus einem anderen Patent anzueignen. (I, 21. Oktober 1931.)

Amtl. Sammlg. S. 377—381.

75. Ehefrau. Dienstleistung. (BGB. § 1356.) Eine Frau führte während des Krieges das Agenturgeschäft ihres Mannes mit dem Erfolg, daß sie ihrem Manne, als er vom Felde zurückkam, 40 000 ℳ abliefern konnte. Nachdem es zu einer Scheidung gekommen war, klagte sie gegen ihren Mann auf Vergütung für diese Zeit. Das Berufungsgericht verurteilte diesen zur Zahlung von 5000 *RM*. Das Reichsgericht verwies die Sache zurück. Regelmäßig ist die Frau nur zu Hilfsdiensten im Geschäft ihres Mannes, nicht zur selbständigen Führung des Geschäfts verpflichtet. Dieser Grundsatz gilt aber nicht ohne Ausnahme. Auch hier hängt der Umfang der ehelichen Pflichten von den Verhältnissen ab; außerordentliche Verhältnisse können auch die Pflicht der Ehefrau außerordentlich erweitern. Ein solcher Ausnahmezustand war durch die Einberufung des Beklagten zum Krieg eingetreten. Unzählige Frauen haben es damals als ihre selbstverständliche Pflicht angesehen, ihren Mann im Erwerbsleben zu vertreten. Diese Auffassung, die einem gesunden Rechtsempfinden entspricht, reicht allerdings nicht aus, um für jeden Fall eine solche Pflicht der Frau zu begründen. Die Art, der Umfang und die Schwierigkeit des Unternehmens, die Kräfte und Fähigkeiten der Frau, ihre sonstigen Pflichten, besonders als Mutter, auch die wirtschaftlichen Verhältnisse der Ehegatten sind hier maßgebend. Nach dieser Richtung war die Sachlage noch zu prüfen. Zu erwägen war weiter, ob nicht ein stillschweigendes Einverständnis der Eheleute darüber bestand, daß die Dienste der Frau, wenn diese sie auch freiwillig leistete, unentgeltlich gewährt und angenommen wurden. (V, 24. Oktober 1931.)

Amtl. Sammlg. S. 381—383.

Vgl. Bd. 52 S. 279.

76. Grundbuchbereinigung. Hypoteklöschung. Erlöschen von Rechten. Gesetzesauslegung. (GrundbBerG. § 26; GBO. §§ 29, 79.) Die Löschung einer Aufwertungshypothek von 113 *GM* wurde von der Gläubigerin in unbeglaubigter, schriftlicher Erklärung bewilligt und beantragt. Das Grundbuchamt setzte eine Frist zur Nachbringung der Löschungsbewilligung in öffentlich beglaubigter Form und eines beglaubigten Löschungsantrags des Grundeigentümers. Das Landgericht wies die Beschwerde zurück. Das Oberlandesgericht wollte die weitere Beschwerde zurückweisen, legte aber wegen eines entgegenstehenden Beschlusses des Kammergerichts die Sache dem Reichsgericht vor. Dieses gab der weiteren Beschwerde statt. Das Oberlandesgericht Hamburg hatte sich streng an den Wortlaut des Gesetzes gehalten, wonach eine Erleichterung für den Nachweis der Voraussetzungen der Löschung einer aufgewerteten Hypothek nur für den Fall des Erlöschens der Hypothek vorgesehen ist; es hatte angenommen, daß die Vorschrift nicht die Löschung der aufgewerteten Hypothek von geringerem Werte schlechthin erleichtern wollte, sondern nur solcher, die schon erloschen waren und nicht erst durch die Löschung untergehen sollten. Diese Auslegung war zu eng. Für die Auslegung von Gesetzen gelten die im § 133 BGB. für die Auslegung von Willenserklärungen aufgestellten Grundsätze. Der wirkliche Wille des Gesetzgebers ist maßgebend, soweit er im Gesetz Ausdruck gefunden hat. Die Vorakten sind bei der Auslegung zu verwerten, in der Regel aber nur unterstützend. Der Zweck des Gesetzes über die Grundbuchbereinigung ist die Beseitigung der durch die Aufwertungsgesetzgebung bewirkten Unübersichtlichkeit und Unklarheit vieler Grundbücher. Diese werden besonders durch die vielen, infolge der Aufwertung ins Leben getretenen, inzwischen aber heimbezahlten kleinen Goldmarkhypotheken belastet, deren Löschung die Grundstückeigentümer wegen der damit verbundenen Kosten scheuen. Die Beseitigung dieser Eintragungen ist ein Hauptziel der Grundbuchbereinigung. Es ist kein innerer Grund ersichtlich, aus dem der Gesetzgeber hier einen Unterschied zwischen schon erloschenen und durch die Löschung erst zum Erlöschen kommenden Rechten gemacht haben sollte. Auf die Fassung kann schon deshalb kein entscheidender Wert gelegt werden, weil sowohl im Gesetz selbst als in der amtlichen Begründung die Begriffe Löschung und Erlöschen nicht streng auseinandergehalten sind. Wenn auch Ausnahmevorschriften streng auszulegen sind, darf das doch nicht soweit gehen, daß dadurch die Ausnahmevorschrift des wesentlichsten Teils ihrer praktischen Bedeutung entkleidet würde. (V, 28. Oktober 1931.)

Amtl. Sammlg. S. 383—388.

Vgl. Bd. 127 S. 48; Bd. 128 S. 111.

77. **Städtisches Theater. Zwang zum Vertragsschluß. Gute Sitten.** (BGB. §§ 631, 826.) Einem Kritiker, der sich ungünstig über die Leistungen eines städtischen Theaters ausgesprochen hatte, untersagte die Stadtverwaltung den weiteren Besuch des Theaters. Er besuchte trotzdem mit einer Karte, die er sich hatte besorgen lassen, eine Aufführung, wurde aber durch einen Beamten des Theaters, der einen Polizeibeamten beizog, aus dem Saale gewiesen. Er klagte auf Ersatz des Preises der Eintrittskarte und auf Feststellung, daß die Stadt verpflichtet sei, ihm auf gültige Eintrittskarten hin den Besuch der Vorführungen zu gestatten. Die Klage wurde abgewiesen. Das Bürgerliche Recht ist von dem Grundsatz der Vertragsfreiheit beherrscht; ein Zwang zum Abschluß von Verträgen ist nur ausnahmsweise (für Eisenbahnen, Post- und Telegraphenanstalten) anerkannt. In der öffentlichen Ankündigung einer Theatervorstellung liegt kein bindendes Vertragsangebot an jedermann, sondern nur eine unverbindliche Bereiterklärung, Theaterbesuchsverträge abzuschließen. Auch Theaterunternehmungen, die von öffentlich-rechtlichen Körperschaften unterhalten werden, unterstehen der privaten Rechtsordnung. In der Genehmigung des Betriebs kann allerdings ein Zwang zum Abschluß von Verträgen vorgesehen werden; das war aber im vorliegenden Fall nicht geschehen. Auch der Umstand, daß das Theater das einzige am Orte war und somit eine Monopolstellung innehatte, reichte nicht hin, um einen Abschlußzwang zu begründen. Allerdings kann der Mißbrauch einer Monopolstellung, insbesondere die Weigerung eines in solcher Vorzugsstellung befindlichen Unternehmers, zu den allgemeinen und angemessenen Bedingungen Verträge abzuschließen, eine gegen die guten Sitten verstoßende Handlungsweise darstellen und zu Schadensersatz verpflichten. Ob Raum für die Anwendung dieser Bestimmung ist, richtet sich nach der

Lage des einzelnen Falles. Sie wäre anwendbar gewesen, wenn die Stadtverwaltung den Abschluß aus willkürlichen und nichtssagenden Gründen verweigert hätte. Einem Kritiker gegenüber könnte die Verweigerung des Abschlusses eines Theaterbesuchsvertrags gerade dann verwerflich sein, wenn der Unternehmer damit bezwecken würde, sachliche Kritiken zu verhindern oder unsachliche Kritiken zu erzielen. Dafür hatte der Kläger den ihm obliegenden Beweis nicht erbracht. Das Berufungsgericht hatte festgestellt, daß die Stadt auf den Kläger keinen Druck ausübte, sondern lediglich eine Schädigung ihres Theaters durch seine Kritik vermeiden wollte, die sie für unsachlich und unrichtig hielt. In diesen Ausführungen waren unangreifbare Tatsachenfeststellungen enthalten. Die Verweigerung des Vertragsschlusses konnte also nicht als eine unsittliche Schädigung des Klägers angesehen werden. (V, 7. November 1931.) Amtl. Sammlg. S. 388—393.

Vgl. Bd. 48 S. 114, Bd. 62 S. 24, Bd. 79 S. 229, Bd. 115 S. 258, Bd. 132 S. 273.

78. **Gesellschaft mit beschränkter Haftung. Erhaltung des Stammkapitals.** (GmbHG. § 30.) Eine G. m. b. H. bestand aus zwei Gesellschaftern, E. und S. Das Stammkapital betrug 70000 *GM*, der Geschäftsanteil des E. 35700 *GM*, jener des S. 34300 *GM*. E. trat seinen Geschäftsanteil für 27000 *GM* an S. ab. Dieser bekannte sich in notarieller Urkunde dem E. gegenüber als Schuldner der 27000 *GM* und bewilligte E. zur Sicherung dieser Forderungen Hypotheken auf einem Grundstück der Gesellschaft. Die Hypotheken wurden eingetragen; E. klagte gegen die Gesellschaft auf Duldung der Zwangsvollstreckung für 27000 *GM* in das Grundstück. Kurz nach Erhebung der Klage geriet die Gesellschaft in Konkurs. Der Konkursverwalter nahm den Rechtsstreit auf und erhob Widerklage auf Einwilligung in die Löschung der Hypothek. In zwei Rechtszügen wurde die Klage abgewiesen und der Widerklage stattgegeben. Das Reichsgericht verwies die Sache zurück. Das zur Erhaltung des Stammkapitals erforderliche Vermögen der Gesellschaft darf nicht an die Gesellschafter ausgezahlt werden, es sei denn, daß der Gesellschaft eine vollwertige Gegenleistung zugeflossen ist. Das gilt auch dann, wenn der Leistungsempfänger zur Zeit des Empfangs nicht mehr Gesellschafter ist, es aber zur Zeit

der Begründung der Verpflichtung noch war. Die Hypothek wurde nicht für eine Schuld der Gesellschaft, sondern für eine solche des einen Gesellschafters begründet; von einer Gegenleistung an die Gesellschaft war dabei keine Rede. Der Kläger hatte aber vorgebracht, daß der Gesellschafter S. größere Forderungen an die Gesellschaft gehabt und sich wegen dieser Forderungen gegen Übernahme der Haftung für die Kaufpreisforderung des Klägers durch die Gesellschaft im Wege der Verrechnung für befriedigt erklärt habe. Wenn das zutraf, war der Gesellschaft ein vollwertiges Entgelt für die Haftungsübernahme zugeflossen und es lag kein verbotener Eingriff in das Stammkapital mehr vor. Darüber war noch Beweis zu erheben. (II, 23. Oktober 1931.)

Amtl. Sammlg. S. 393—396.

Gesetzesregister.

Seitenzahlen der amtlichen Sammlung.

1 1—6; **2** 7—16; **3** 16—20; **4** 20—23; **5** 24—28; **6** 29—33; **7** 34—40; **8** 40—45; **9** 46—50; **10** 51—63; **11** 63—68; **12** 69—76; **13** 76—81; **14** 81—84; **15** 84—90; **16** 90—96; **17** 97—101; **18** 102—113; **19** 113—117; **20** 117—124; **21** 124—126; **22** 126—128; **23** 128—136; **24** 137—143; **25** 144—152; **26** 152—156; **27** 156—161; **28** 161—167; **29** 167—170; **30** 170—178; **31** 179—184; **32** 184—187; **33** 187—189; **34** 189—192; **35** 192—200; **36** 201—206; **37** 206—212; **38** 212—214; **39** 215—221; **40** 221—226; **41** 226—227; **42** 228—229; **43** 229—234; **44** 234—244; **45** 244—248; **46** 249—258; **47** 259—260; **48** 260—263; **49** 263—267; **50** 267—270; **51** 270—275; **52** 275—278; **53** 279—283; **54** 284—287; **55** 288—290; **56** 290—292; **57** 293—296; **58** 297—300; **59** 301—308; **60** 308—309; **61** 310—312; **62** 313—318; **63** 318—326; **64** 326—330; **65** 330—341; **66** 342—351; **67** 351—352; **68** 352—356; **69** 357—361; **70** 361—364; **71** 365—370; **72** 370—374; **73** 374—377; **74** 377—381; **75** 381—383; **76** 383—388; **77** 388—393; **78** 393—396.

Sachregister.

Kolibri 360 GmbH
Ferdinand-Jühlke-Straße 7
99095 Erfurt, Deutschland
produktsicherheit@kolibri360.de